反无效努力工作法

プレイングマネジャー「残業ゼロ」の仕事術

[日] 小室淑惠◎著
汤丽珍◎译

江苏凤凰科学技术出版社
·南京·

图书在版编目（CIP）数据

反无效努力工作法 /（日）小室淑惠著；汤丽珍译
.-- 南京：江苏凤凰科学技术出版社，2020.10
ISBN 978-7-5713-1359-3

Ⅰ.①反… Ⅱ.①小… ②汤… Ⅲ.①企业绩效－企业管理 Ⅳ.①F272.5

中国版本图书馆CIP数据核字（2020）第152824号

反无效努力工作法

著　　者	[日]小室淑惠
译　　者	汤丽珍
责任编辑	向晴云
责任校对	杜秋宁
责任监制	方　晨
出版发行	江苏凤凰科学技术出版社
出版社地址	南京市湖南路1号A楼，邮编：210009
出版社网址	http://www.pspress.cn
印　　刷	文畅阁印刷有限公司
开　　本	718mm x 1000mm　1/16
印　　张	13
字　　数	200 000
版　　次	2020年10月第1版
印　　次	2020年10月第1次印刷
标准书号	ISBN 978-7-5713-1359-3
定　　价	32.00元

图书如有印装质量问题，可随时向我社出版科调换。

前 言

让千余家公司“脱胎换骨”的“零加班”工作法

提高工作效率，在正常工作时间内完成工作任务，这就是我们一直提倡的“零加班”。也许不少人会冒出这样的疑问：“这不可能吧？”既要负责一线工作，又不得不做团队管理工作的管理者尤其忙碌。公司的任务考核“压力山大”，日复一日努力工作，加班已成为家常便饭。

很多管理者一到公司就连轴转地开内部会议，好不容易回到座位上，下属又开口了：“可以耽误你一点时间吗？”好不容易下属的汇报、反馈告一段落，想着总算可以着手处理自己的工作了吧，又被突发事件搞得焦头烂额。结果，别说按时下班了，甚至不得不带着完全没有动过的工作回家。而这些工作，是原本想交办给下属的工作内容，但下属那边也一堆事，已经腾不出时间……

面对这种日子，管理者也许会发自内心地吐槽：“零加班什么的，那是做梦啊！”实际上，这是不少管理者的第一反应。大家每天都在尽自己最大的努力工作，有这样的反应也是理所当然的。

不，应该说，也许有人会认为“零加班这样的‘口号’就是在添乱”。上司要求“零加班”“减少加班”，一线的员工又抗议：“工作越来越多，是想让我们无偿加班吗？”在上下夹击中孤军奋战，应该不少人都觉得身心俱疲吧？

不过，我一直坚信，现状是可以改变的。

我所经营的工作生活平衡株式会社，主营业务是受各公司经营层的委托，为其“工作方式改革”提供帮助。实际上，我们公司自成立以来，不仅实现了“增收增益”，且“零加班、带薪休假达到 100%”，还向千余家公司提供了工作方式改革的顾问服务。后来，这些公司均实现了加班时间的大幅削减和业绩上的提升。

话虽如此，我们其实并不是提倡强行削减加班时长。我们一直倡导的是，要以最少的劳动力和劳动时间获取最大的成果。如今，我们可以骄傲地宣称：通过持续提高团队的绩效，我们已经**证实了世界上存在可实现“零加班”的方法。**

在我们的客户中，所有企业和团队也都维持了无须强行削减工作时间便提升业绩的良性循环。我们也有幸得到了客户们的诸多好评：“职场氛围变得活泼，每天工作都很开心”“良性循环不反弹”……

我确信，只要认真遵循我们确立的改革流程，势必可以将包括管理者在内的团队成员从长时间的“无效劳动”中解救出来，使团队的工作效率更上一个台阶。

管理者的“不努力”很重要

改变团队的关键人物是管理者。

也许有人看到这句话会觉得压力很大，实际上这并不要求各位管理者具备高超的技巧，也不需要承担额外的负担。

事实恰恰相反。首先，请舍弃“身为管理者，自己必须努力”“自己必须拉着团队往前”“自己必须优秀”之类的意识。希望大家**放下过剩的“责任感”和“自尊心”，放松心情。**

实际上，管理者心理负担过重、工作太拼，导致团队成员无法发挥能力的情况比比皆是。因此，请放松心态，**虚心地向团队成员求助，放心地将工作交给下属。**任何人都有为团队出力的愿望。管理者的信任会激发下属的潜力，是打造健全团队的基础。

在此基础上，如果能遵循下述步骤执行，现状必然会发生改变。如图 0-1 所示：

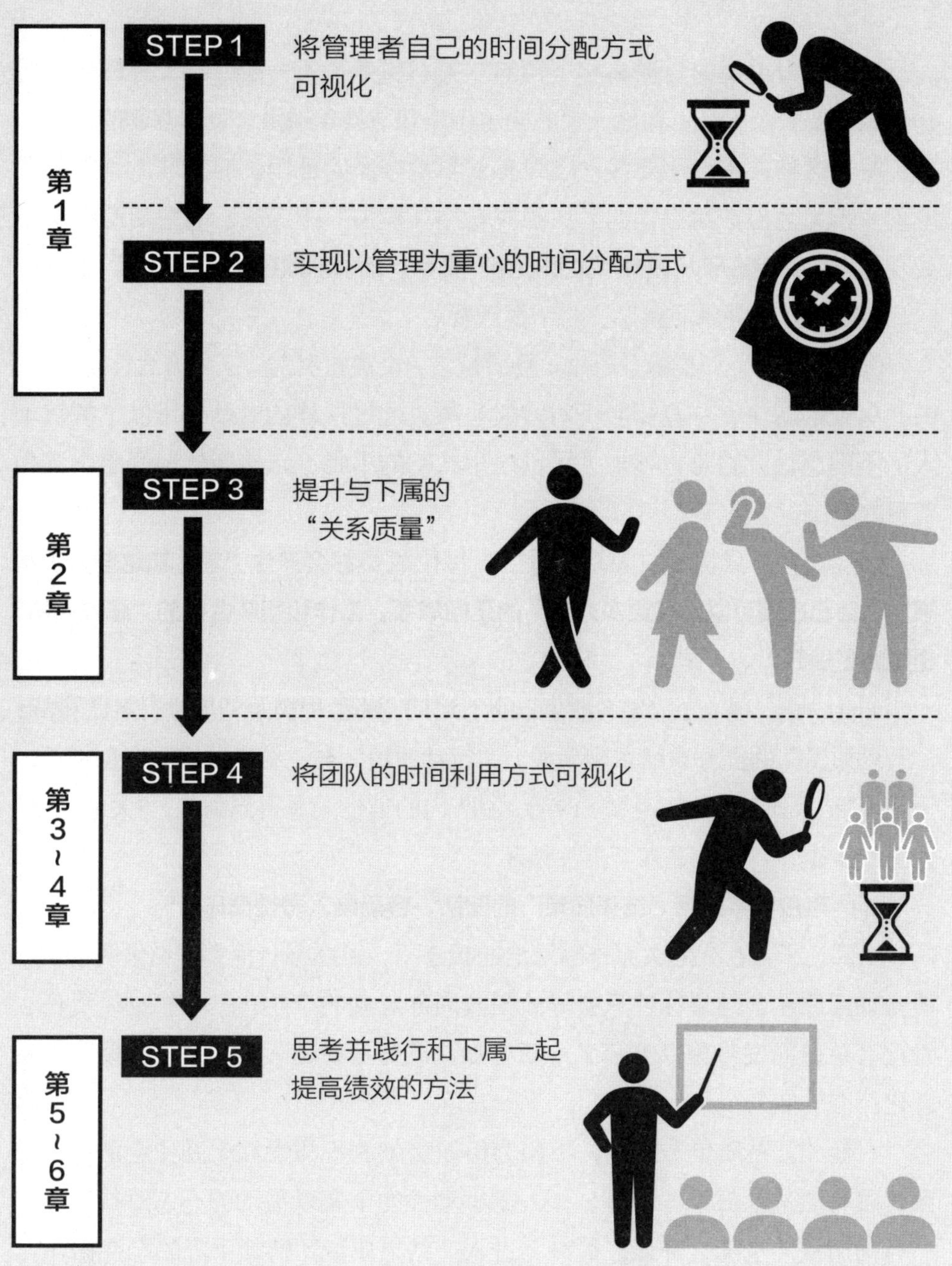

图 0-1 打造“零加班团队”的步骤

“关系质量”重于“结果质量”

其中尤为重要的是提高和下属的“关系质量”——换言之，有任何困扰和不满不要一个人扛，构建大家共同承担责任、其乐融融、互帮互助的关系。

关于这种关系的重要性，已经有了学术方面的证明。麻省理工学院的丹尼尔·吉姆教授在其提倡的“组织成功循环模型”中证实，若要使组织实现成功循环，**关键在于从提升“关系质量”着手，而非从改善“结果质量”着手。**

若要提升“关系质量”，对话很重要。

例如，要和下属们敞开心扉、畅所欲言，交流自己对“工作方式”的观点、内心深处的想法，并互相倾听对方的心声。通过这样的对话，可以了解每个人的不同想法，同时也增加了可以产生共鸣的事物，自然而然地酝酿出互相尊重的氛围。

通过这种方式提高“关系质量”，每位成员都会**产生“想（和这些人）共事”“自己应该可以贡献更多力量”的正向思考，工作和团队合作的“思考质量”也得到了提升。**

如此一来，提高了“思考质量”的下属们，都会积极主动地进行各式挑战，“行动质量”的提升自然水到渠成。“行动质量”与“结果质量”息息相关，于是，“结果质量”也就得到了改善，团队内的信任关系得到强化，“关系质量”也进一步提升，团队进入了良性循环。

那些**直接着手改善“结果质量”的团队，容易陷入恶性循环。**

原因在于，在人际关系不够融洽的状态下，试图强行提高“结果质量”，很难如愿以偿，结果往往只会导致团队内部对立的产生——互相推诿责任、管理者单方面发号施令等情况不断增加，最终致使团队的“关系质量”不断恶化。

一旦“关系质量”恶化，下属为组织贡献的积极性和干劲便会消亡，导致“思考质量”低下。于是，失去了主动性的下属以被动的心态对待工作，“行动质量”也随之降低，最终，进入“结果质量”持续下降的恶性循环。

当然，有时候也许追求“结果质量”可以产出成果，但往往都是暂时性的。**被强求“结果质量”的成员在被逼至绝境的情况下产出的成果不可能永久持续下去。**强求无法带来持久。而一旦“结果质量”低下，恶性循环便由此产生（图 0-2）。

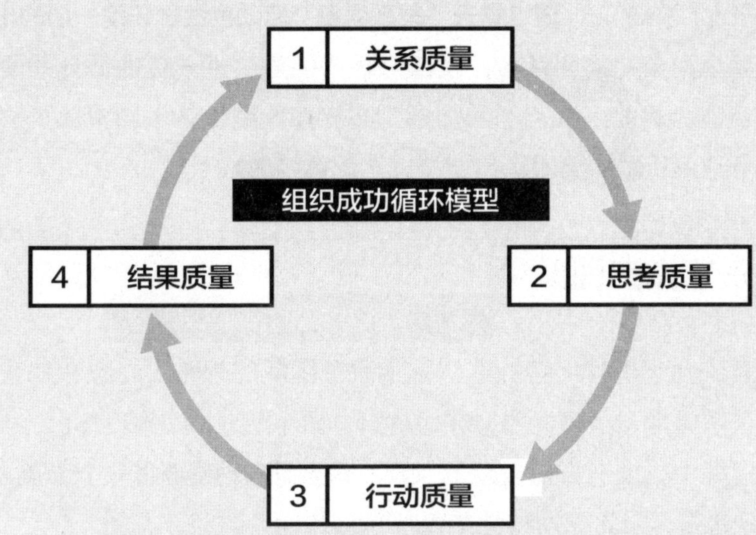

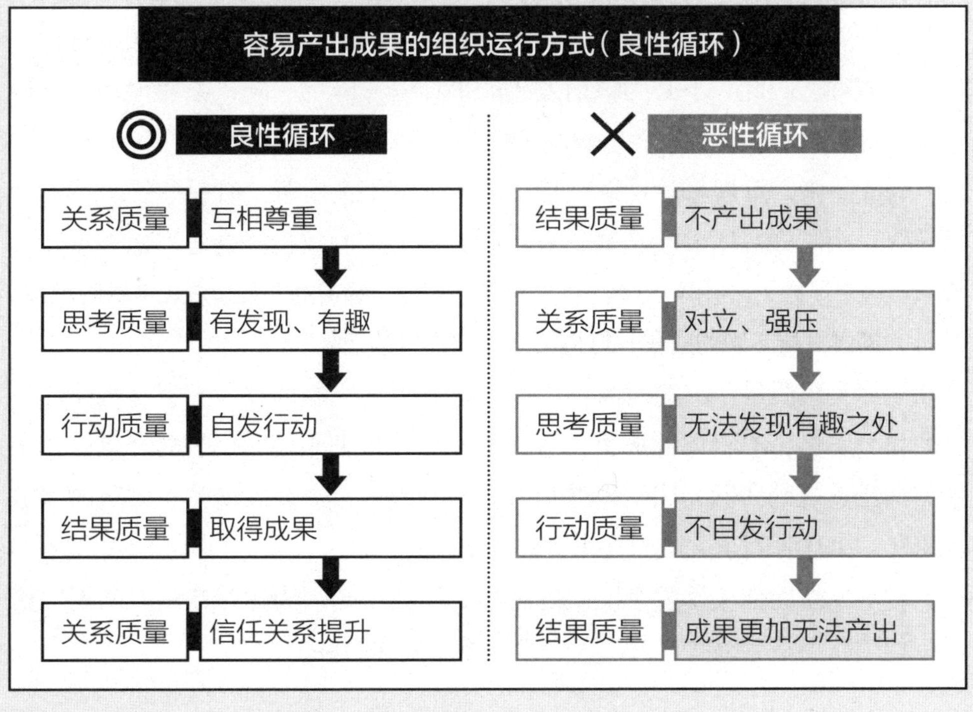

图 0-2 改变“关系质量”即改变“结果质量”

所以，如果要改变团队，最重要的是提升“关系质量”而不是“结果质量”。看上去似乎迂回曲折，但**通过提升“关系质量”启动良性循环是一切的出发点。**

回顾迄今为止的顾问经验，我感触极为强烈。进入良性循环的团队，团队的绩效自然会持续上升，“零加班”实现高业绩也就水到渠成了。在我们的顾问服务结束后，这类团队也能持续产出高绩效成果。

打造快乐工作的团队

本书系统介绍了管理者打造“零加班”团队的思路、心态和秘诀。以通过提升“关系质量”孕育良性循环为基石，循序渐进，实现目标。

在此过程中，没有任何复杂的操作，**只要细致地遵循每一个步骤，任何团队都能实现蜕变。**因此，期待你能以一种放松的心态稳步前进。

当然，团队运营和人际关系密切相关，这一“改造”自然也伴随着迂回曲折。“关系质量”的改善并非一朝一夕之功，下属的积极性也像生物钟一样存在规律。因此，不必为眼前发生的事件喜一阵忧一阵，不焦不躁、坚持不懈才是最重要的。

如此一来，管理者就可以轻松做出成果却不会疲惫。有一些管理者，责任感强，为了提高团队的绩效，容易给自己太大的负担，或是“牺牲小我、成全大家”，如果采用本文的方式，**一定可以从“痛苦的”工作方式中解脱出来。**并且，**通过支持下属的成长，打造出一个高士气的团队。**

在“关系质量”高的团队中工作，是非常愉快的体验。大家互相信任、齐心协力，产出有价值的成果，这样的过程会带来无可取代的喜悦感。如果能打造出这样的团队，团队绩效自然会得到提升，进而实现整个团队的“零加班”，工作时间也会成为真正有效的努力时间。

若本书能助你实现整个团队的工作、生活平衡，为你打造活力四射、快乐工作的职场略尽绵薄之力，我会感到无以复加的喜悦。

小室淑惠

目 录 CONTENTS

第 1 章 你的“忙碌”有价值吗

Point 1 重新认识管理者的本职工作 …… 18

容易被忽视的“二八法则” …… 18

为什么越努力越低效 …… 19

“努力”背后的危机 …… 20

重视团队力量 …… 21

Point 2 重新梳理工作方式 …… 22

将“工作方式”可视化 …… 22

直面现实困境 …… 23

“预估”与“实绩”之间的差距 …… 25

能“改善对策”的 PDCA …… 27

Point 3 用“15 分钟”磨炼时间感 …… 28

你会记录“工作方式”吗 …… 28

通过每日复盘提升“时间预估”力 …… 31

把“碎片时间”用到极致的方法 …… 32

Point 4 分析“工作方式”的简单方法 …… 33

按类别分析每项工作 …… 33

“想要增加的工作”和“想要减少的工作” …… 34

别让“问题任务”捣乱 …… 37

Point 5　**想“增加”？请先“减少”** …… 38
找到“问题根源” …… 38
“消除工作的浪费”会导致“绩效”恶化吗 …… 40
用矩阵盘点重要工作 …… 41
Point 6　**绘制团队“战斗力”** …… 43
先做好“一个人”的准备 …… 43
学习“单人作战会议” …… 43
了解你的下属 …… 45
不断完善“战斗力图” …… 46

第 2 章　“关系质量”决定一切

Point 7　**管理者的“重中之重”** …… 48
“关系质量”改善的前提 …… 48
谷歌的惊人发现 …… 48
构建“心理安全” …… 49
“管理者决定”论 …… 50
躲避管理“陷阱” …… 52
Point 8　**别陷入“更优秀”怪圈** …… 53
管理者的“牛角尖”思维 …… 53
令团队焕然新生的瞬间 …… 53
展示“弱点”带来的向心力 …… 54
“弱点”才是管理者的武器 …… 56
Point 9　**管理者无须知道“答案”** …… 57
为什么管理者总是说太多 …… 57
教授不如引导 …… 58
“简便”未必有效 …… 60
不可朝下属“强压答案” …… 61
勇于承认“失误” …… 62

Point 10 **“反馈”比“建议”更珍贵** …… 63
用“反馈”应对下属的问题 …… 63
“及时、平等”地传达 …… 64
如何应对“严重的问题” …… 65
“等待”是管理者的美德 …… 66
“正面反馈”须占九成 …… 66
传达“事实”重于“夸奖” …… 67
Point 11 **将工作巧妙地安排给下属** …… 68
一定要重视的“最初说明” …… 68
充分共享“完成的感觉” …… 68
通过“对话”磨合认知 …… 69
沟通即“投资” …… 70
Point 12 **全面了解下属** …… 72
不要忽视“个人简历” …… 72
分配工作的“判断材料” …… 74
彰显长处的“个人信息” …… 75

第3章 全面启动“工作方式改革”

Point 13 **“工作方式改革”的发动机** …… 78
花点时间“交朋友” …… 78
用团队力量推动“改革循环” …… 79
别忘了基本规则 …… 80
Point 14 **“便笺工作”打造的随意发言场合** …… 81
让人惊叹的小小“便笺” …… 81
“便笺工作”完成要素 …… 82
分组发挥“便笺”优势 …… 82
Point 15 **让团队敢于“吐槽”** …… 84
敢说真话是重要的第一步 …… 84

做一个“默默观察”的管理者 …… 86
既是“优势”也是“劣势” …… 87
坦然接受“刺耳的意见” …… 88
拿出想“解决问题”的态度 …… 88
Point 16 **深挖“工作的目的”** …… 90
努力的重点不是“零加班” …… 90
明确“最重要的工作” …… 90
深挖团队“初心” …… 91
Point 17 **拼凑出“理想的团队”** …… 93
制作“工作方式改革”指南针 …… 93
“豪言壮语”请走开 …… 93
想要“增加的工作”和“减少的工作” …… 94
人人都想提升“绩效” …… 95
让下属产生共鸣 …… 96

第 4 章 让“工作方式”可视化

Point 18 **团队共享“行程”** …… 98
用好“最强武器” …… 98
优秀下属的“工作方式” …… 100
“早晚邮件”并非管理工具 …… 101
让团队问题浮出水面 …… 102
Point 19 **关注团队“工作方式”** …… 104
思考“想分析事项” …… 104
统一“想增加的工作” …… 105
确定“有问题的任务” …… 105
启动“早晚邮件” …… 107
Point 20 **用矩阵剖析“业务分担”** …… 108
4 个模块分解团队业务 …… 108

"专人化"带来的隐患 …… 110
明确"专人化"的危险性 …… 110
消除"专人化"，打造"强团队" …… 111
Point 21 "健全团队"VS"不健全团队" …… 112
增加"不紧急但重要的业务" …… 112
减少"紧急但不重要的业务" …… 114
大胆舍弃工作 …… 115
培养排"优先顺序"的能力 …… 117
Point 22 全面提升团队技能 …… 118
"专人化"中的微妙心理 …… 118
专注"管理者工作" …… 118
全员"技能"可视化 …… 119
使"技能提升"循环运转 …… 121
Point 23 发掘团队的"问题点" …… 122
全员确定"大问题" …… 122
集思广益、挖尽"问题点" …… 124
Point 24 "工作方式改革"要从小事开始 …… 126
改革初始，最怕积极性降低 …… 126
被社会捆绑的"工作方式" …… 127
"小事"也能产出"大效果" …… 128
用矩阵整理"解决对策" …… 128
共享"工作方式改革"路线图 …… 131
Point 25 "行动表"带来超级执行力 …… 132
简单好用的"议事录" …… 132
什么人，在什么时间节点前，需要做什么 …… 135
Point 26 颠覆会议氛围的"角色卡" …… 136
激发下属主体性 …… 136
"角色卡"的妙用 …… 136
发现下属的"意外才能" …… 138
创意无穷的"点子激荡" …… 139

Point 27 高绩效者的“秘诀” ……140

高绩效者 VS 低绩效者 ……140

在团队内分享“秘诀” ……142

第 5 章 大幅提升团队绩效

Point 28 从“整理、整顿”开始最佳 ……144

消除“1 个月的浪费” ……144

“整理、整顿”改善了沟通 ……145

让“整理、整顿”变成日常业务 ……146

Point 29 将会议成本缩减 7/8 ……147

改变会议“思路” ……147

舍弃不必要的“议题” ……149

为会议设“时间限制” ……150

彻底简化“会议资料” ……150

Point 30 通过“专注时间”减少“插队工作” ……152

关注“插队工作” ……152

善用“缓冲时间” ……155

Point 31 打造互促成长的团队 ……157

让员工“互道感谢” ……157

能振奋团队的“功劳奖” ……159

引入“三人反馈”机制 ……160

转变“年长的下属” ……161

管理者要主动寻求反馈 ……162

Point 32 消弭日常业务中的浪费 ……163

尝试邮件“模板化” ……163

学会优化模板 ……163

团队“联络”也要“模板化” ……166

容易被忽视的“不紧急但重要的业务” ……167

Point 33 **团队业务“手册化”** ……168
固定业务要彻底“手册化” ……168
鼓励新手完善手册 ……170
Point 34 **用自发“学习会”提升团队能力** ……171
通过“学习会”强化团队协作 ……171
鼓励下属“当老师” ……172
Point 35 **显著提高效率的“多人负责制”** ……173
“一人负责制”的风险 ……173
“多人负责制”改善团队关系 ……175
Point 36 **设定“每周不加班日”** ……178
“不加班日”为什么难落地 ……178
让员工自由制定“不加班日” ……178
做一名带头“不加班”的管理者 ……180
Point 37 **“迷你多米诺人事”带来的下属成长** ……181
鼓励下属“向上挑战” ……181
管理者要主动休长假 ……183
Point 38 **全力争取上级支持** ……184
理智看待“工作方式改革”的“停滞期” ……184
将过去和现在的“差距”可视化 ……184
“上级”助力，加速“工作方式改革” ……186

第 6 章 让“工作方式”焕然一新

Point 39 **客户协助消除“突发业务”** ……188
“突发业务”不是必然存在 ……188
方法得当，“蜂拥而至的抱怨”消失了 ……189
争取客户理解，加班锐减 ……189
Point 40 **发动组织力量，减轻“业务负担”** ……191
你正为工作忙得团团转吗 ……191

靠管理者一人也能改变组织 ……192
活用“组织力学” ……192
Point 41 和客户建立双赢关系 ……193
与其让人帮忙，不如选择双赢 ……193
分析“顾客能得到的好处” ……194
那些“管理者才能做的工作” ……195
Point 42 说服总部，“整体”改变 ……196
正视总部和一线的关系 ……196
管理者要努力“构建人脉” ……197
“卷入力”改变公司 ……198
Point 43 把“上级”变成“同盟” ……199
不断追求“更好的工作方式” ……199
你有说服高层的逻辑吗 ……200
可怕的日本“人口负债期” ……200
“老式管理”毁灭公司 ……201
“工作方式改革”关乎企业存亡 ……201
“高层”一出手，瞬间大变样 ……203

后记 “工作方式改革”改变未来 ……205

第 1 章

你的“忙碌”有价值吗

请重新审视管理者自身的工作方式，将重心放在“作为管理者”的那部分工作上，这样才可能打造出高绩效的团队。

Point 1

重新认识管理者的本职工作

容易被忽视的“二八法则”

我们的目标是打造“零加班”的团队。

为了实现这一目标，管理者首先应该关注的是“自己的”工作方式。因为改变他人很困难，所以若一开始就奔着“改变下属的工作方式”去做，总是无法顺利推进的情况也就屡见不鲜了。反之，若能先从重新审视“自己的”工作方式着手，则是一种有效的尝试。

在重新审视“自己的”工作方式时，最值得关注的点是应该把重心放在“作为管理者”的工作上还是“作为执行者”的工作上。

这是很多管理者面对的难题。作为执行者，管理者被分配了个人量化目标；作为管理者，管理者又被分配了整个团队的量化目标，管理者必须思考二者的平衡。这就是一个“追二兔”的行为，一不小心就可能“一兔也不得”。不管怎么说，这都是令人苦恼的问题，想必有不少管理者都在不断摸索并思索对策。

不过，这个问题其实已经有了明确的答案，一条铁则——“作为管理者”的工作比“作为执行者”的工作重要。虽然工作的种类和团队状态不同，需要具体问题具体分析，但我认为以**“八分管理、二分执行”**为目标即可。理由很简单，这种方式在实际执行中会令工作更为高效。

为什么越努力越低效

让我们用一个简单的模型来帮助思考（图 1-1）。

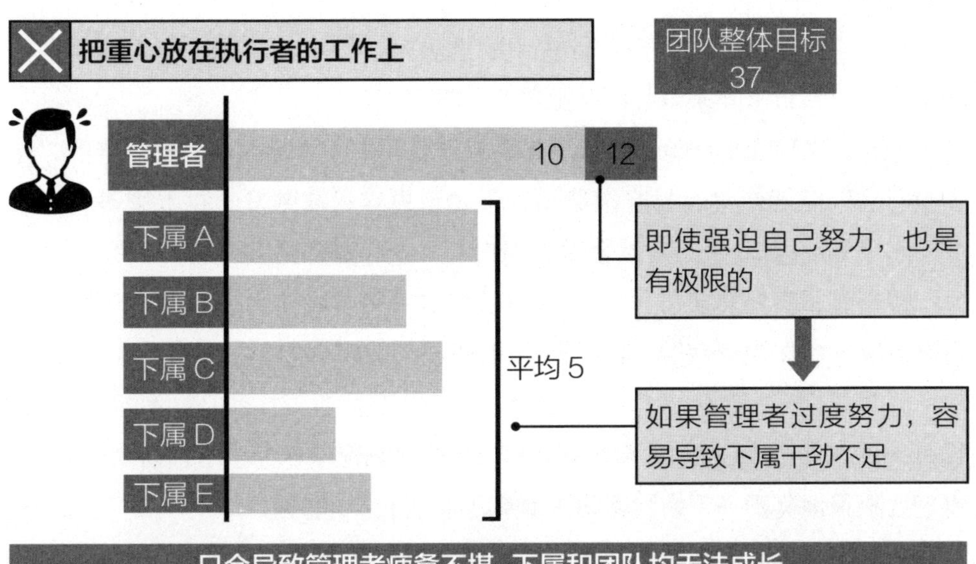

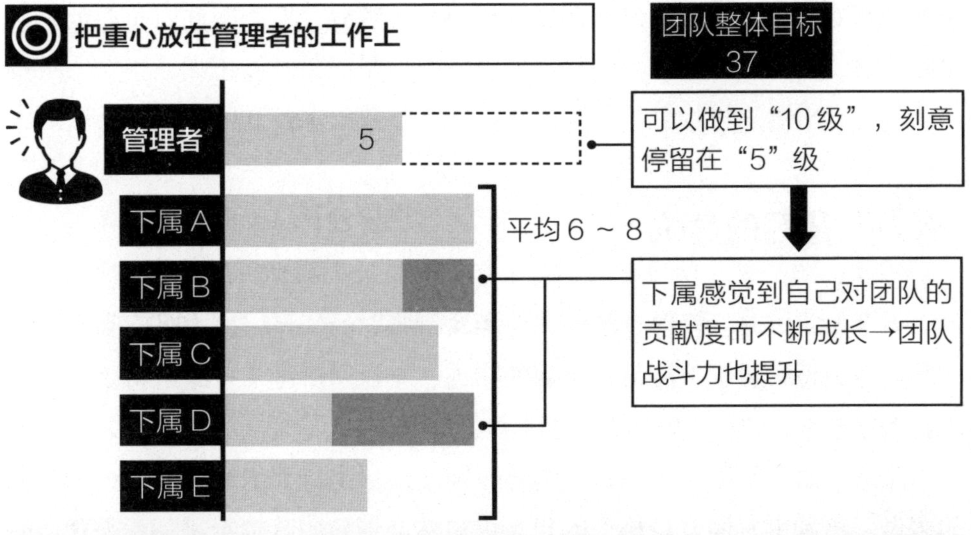

图 1-1　把重心放在“管理者的工作”而非“执行者的工作”上

假设某团队有6人，由1名管理者和5名下属组成，管理者的战斗力为10级，下属的平均战斗力为5级，整个团队的总战斗力则为10+5×5=35级。如果团队目标为37级，按照现状应该很难达成吧？在这种情况下，管理者应该如何做呢？

也许不少管理者的脑海中浮现出的选项是，把重心放在“作为执行者”的工作上，亲自上阵来填补团队战斗力的缺口。

因为，比起成功体验不多的“作为管理者”的工作，成功经验颇丰的“作为执行者”的工作更容易产出结果，干劲也更容易被激发。原本管理者的战斗力水平就高达10级，自然会试图逼自己一把，提升到12级的水平。

特别是，责任感越强的人，越容易相信“只要战斗力最高的自己努力就可以解决”“作为管理层，自己努力是理所当然的”的观点。

假设在管理者竭尽全力的情况下，整个团队的战斗力水平提升到12+5×5=37级，勉强达成了该团队的目标。想必管理者在松了一口气的同时，也想要狠狠地奖励一下自我鞭策、顽强不息的自己吧。

然而，这一选择必然伴随着严重的副作用。

一旦管理者开始孤军作战提高成果，反而会导致团队士气下降。管理者认为“自己必须想点办法”的背后，无疑是“对下属不抱期望”。下属会理解为“是对我不抱期望吗”“那领导自己努力就好了”，因而对工作的热情不断下降。

“努力”背后的危机

不仅如此，一旦管理者忙于“作为执行者”的工作，失去时间和心理上的从容感，便会疏于关注每位下属的状态，难以适度地支援或维持团队士气等，而这些都是“作为管理者”的工作。

而且，如果无法和下属好好沟通，则增加了类似“别管那么多，按我说的去做”这种单方面发号施令的机会，自然会导致团队情况进一步恶化。**一旦被命令着做事，人就会失去主动性。**“既然这样，那我只要做被要求做的工作就好啦！”失去干劲的下属随之产生。

极端情况下，在士气低落的下属面前，管理者有时候会情绪化地抱怨：“我都这么拼了……”这样一来，下属会越来越畏缩，甚至可能导致团队的功能无法得到发挥。

结果，平均水平 5 级的下属战斗力跌至 4 级，后果不堪设想。即使管理者在 12 级水平持续发力，总战斗力也只有 12+4×5=32 级。团队的总战斗力低于最初状态。

原本就努力到极限的管理者若想弥补这一缺口，便不得不再逼自己一把。有时，可能会透支自己。这简直就是一个恶性循环。显然，管理者的重心如果过于偏向“作为执行者”的工作，则伴随着巨大的风险。

重视团队力量

那么，如果把重心放在“作为管理者”的工作上，又会如何呢？

我们试着用刚才的模型来模拟一下。

假设管理者刻意只做和下属一样水平为 5 级的工作，尽量把精力投入到管理工作上。充分观察下属的表现，如果发现下属碰壁，则适当施以援手。下属一有成长，立即做出具体的夸赞。逐渐将管理者负责的“执行工作”移交出去，结合团队所有成员各自擅长的领域调整其负责的业务。针对目前占据下属大量精力和时间的工作，向上司建议增加 IT 层面的投资，或仔细过滤团队业务，减少不必要的工作，以提升效率……

专注“作为管理者”的工作后，下属不断成长，更易于发挥自身能力，当平均战斗力从 5 级上升到 6 级，即使管理者水平只发挥了 5 级，5+6×5=35 级，整体战斗力水平也保持在了最初的水准。只看这串数字的话，会觉得这只是维持现状而已，但其实内在截然不同。因为整个团队已经开启了良性循环。

被管理者寄予厚望，切身感受到自己的成长，获得了为团队奉献带来的充实感，下属的士气也不断增长，开始跻身成长之列，每个人的战斗力水平会逐渐从 6 级升为 7 级，从 7 级升为 8 级。相应地，团队的总战斗力水平也从 35 级→40 级→45 级，一路飙升。如此一来，通过专注“作为管理者”的工作，团队产出的成果远高于目标37级，自然会**蜕变为可以持续以“更短的时间”**

达成目标的团队。

这正是“管理的力量”。

这种力量运用的方式不同，可以带来迥然不同的两种结果：孤军奋战，不断勉强自己做12级工作的疲惫不堪的管理者；一个高效的、不断成长的团队。

因此，管理者决不能将重心放在“作为执行者”的工作上。毕竟管理者的本职工作就是管理。管理者实现“将重心放在管理上”的工作方式是迈出打造高绩效团队的第一步。

Point 2

重新梳理工作方式

将“工作方式”可视化

这是管理者工作方式的大原则。管理者需要在具备这一意识的基础上，关注并调整“自己的工作方式”，方法极为简单，就是“记录”。每天开始工作前，预估当天的日程安排，下班后，记录实际的工作推进进程（本书将这种记录称为“工作日志・work log”，参照第29页图3-1）。

恐怕有不少人会隐约意识到问题：“我被工作压得喘不过气来，也许分配在管理上的时间不够”“疲于应对下属的突发案件，我的规划总是被打乱”……可又很难发现真实的状态和改善点，因此，需要通过记录自己的实际工作情况，**将“自己的工作方式”可视化。**

持续记录“工作日志”（坚持 2 ~ 4 周），统计并分析结果会发现，自己在哪些工作上花费了多长时间、早上排定的计划发生了什么样的偏差、本应优先处理的工作被延后了多长时间等，可以客观掌握“自己的工作方式”。接着，记录者会有进一步发现，如自己的工作方式偏好和存在的问题等。

直面现实困境

首先，用图2-1所示的方式统计自己在一定时期内，在“作为执行者”和“作为管理者”的工作上各花费了多长时间，客观掌握自己的实际工作平衡程度。

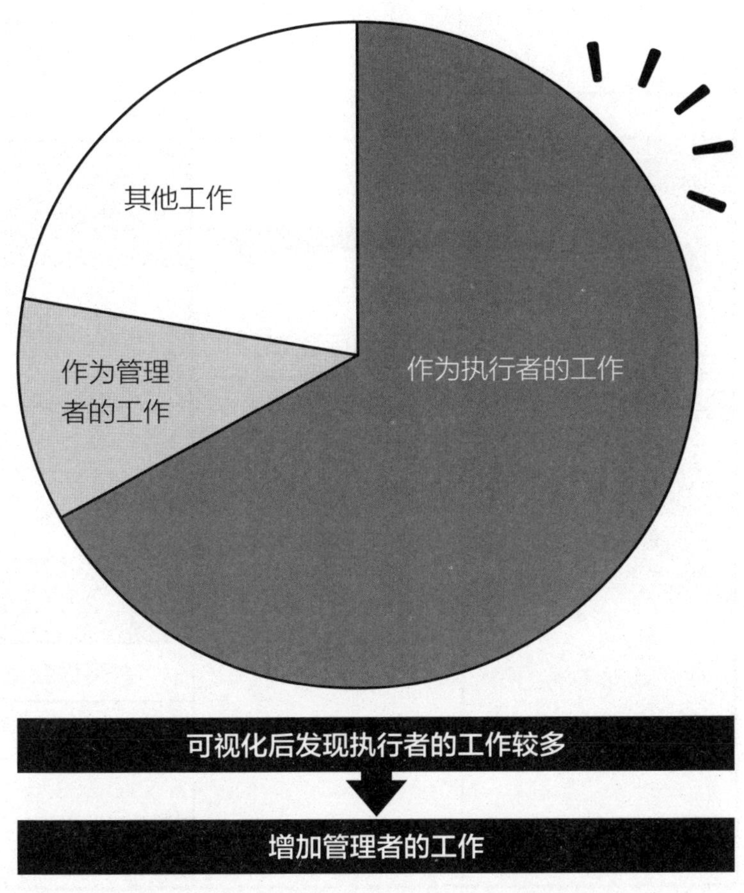

图 2-1　通过统计时间分配，具备“明确的问题意识”

这一点我曾深有体会。第一次将“自己的工作方式”可视化后，发现现实和自己的想象相差甚远，不得不直面“惨不忍睹的自己”。

也许，你也会发现，自己花在“管理者工作”上的时间比想象中要少，但这就是现实。这是一个接受现实并清晰地意识到“必须增加专注管理工作的时间”的机会。

其次，如图 2-2 所示，想象“理想的工作方式”。

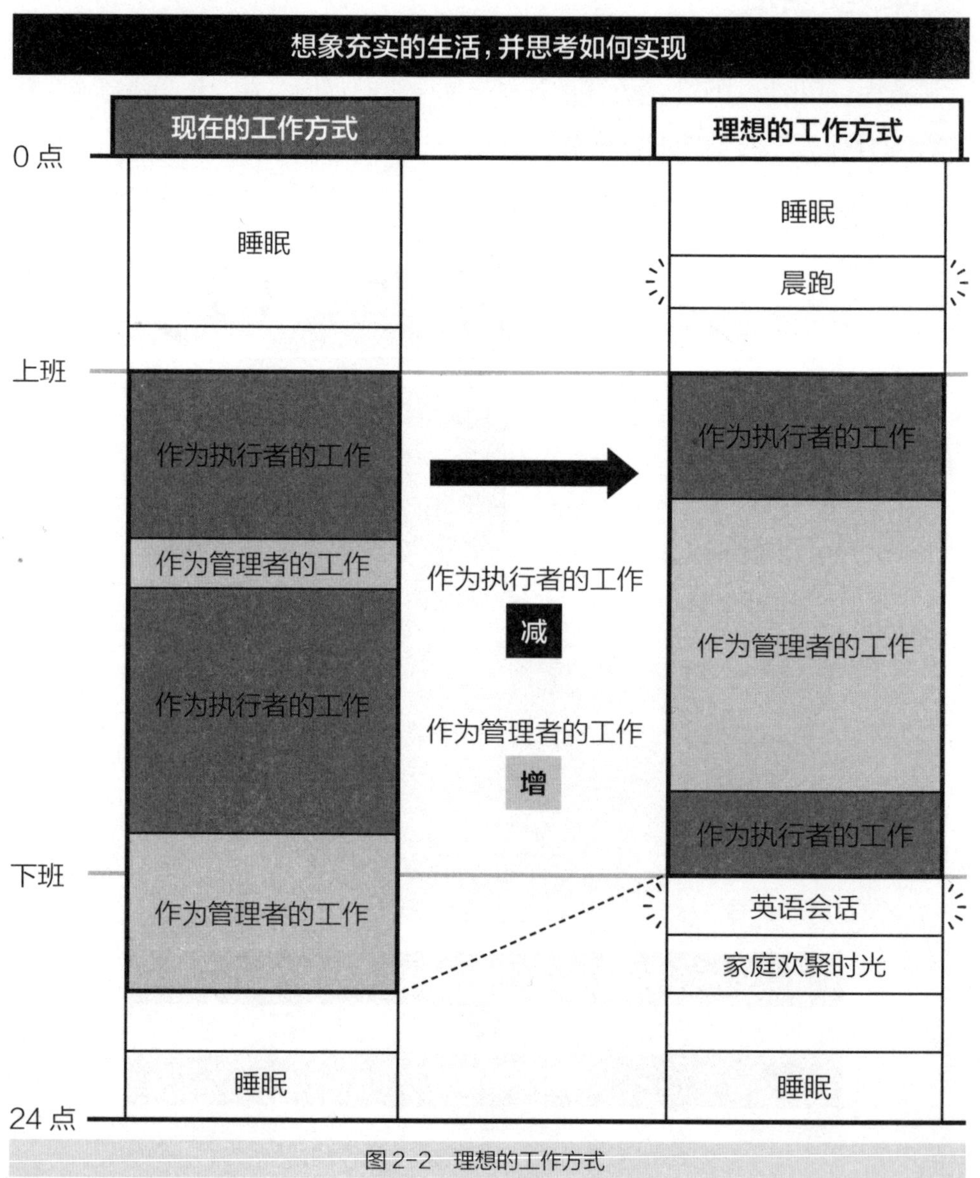

图 2-2 理想的工作方式

若要增加“作为管理者”的工作，只能压缩“作为执行者”的工作，具体方法有：提高自己的工作效率、把工作交办给下属、筛选出不必要的工作，等等。

可以的话，还**想按时上下班，抽出时间用在健康、家庭、社会、学习等上面吧？**如果只是疲于应对眼前的工作，在这个长命百岁的时代应该很难长寿吧？既想要输入全新“知识”的时间来丰富自己的“知识之泉”，也想锻炼身体，为后半生留下健康的体魄。

看着为日常工作疲惫不堪、全身散发出一种悲壮感的管理者，下属会觉得“不想当管理者……”进而失去职业生涯发展的欲望，这一点也不容忽视。**展示管理者充实的生活，与鼓舞下属的士气直接挂钩**。

为此，充实工作之外的生活非常重要。早上跑跑步、享受家人团聚的乐趣、晚上学外语……在脑海中勾勒出生活多姿多彩的自己，并思考为了实现这一蓝图，要如何改变“工作方式”的具体方法。

“预估”与“实绩”之间的差距

这一步也需要发挥“工作日志”的威力。

例如，像图2-3那样，在一段时间内，比较“预估的时间”和“实际所花时间（实绩）”。于是，你会发现，有些项目的“预估”和“实绩”落差巨大，其中可能存在某些问题。

图2-3中，差距最大的是“应对突发事件”。因为工作和问题总是如影随形的，某种程度上“应对突发事件”是不可避免的，不过，如果这种突发事件过多，则成为降低工作效率的元凶。

接着，进一步分析“为什么针对突发事件的应对很多？”

如果细致查看“工作日志”，也许会发现“某个特定成员总是突发问题频发，令人疲于应对”。这样一来，就有必要和该下属一起探讨问题的原因，想出防止问题再发生的改善措施并执行到位。

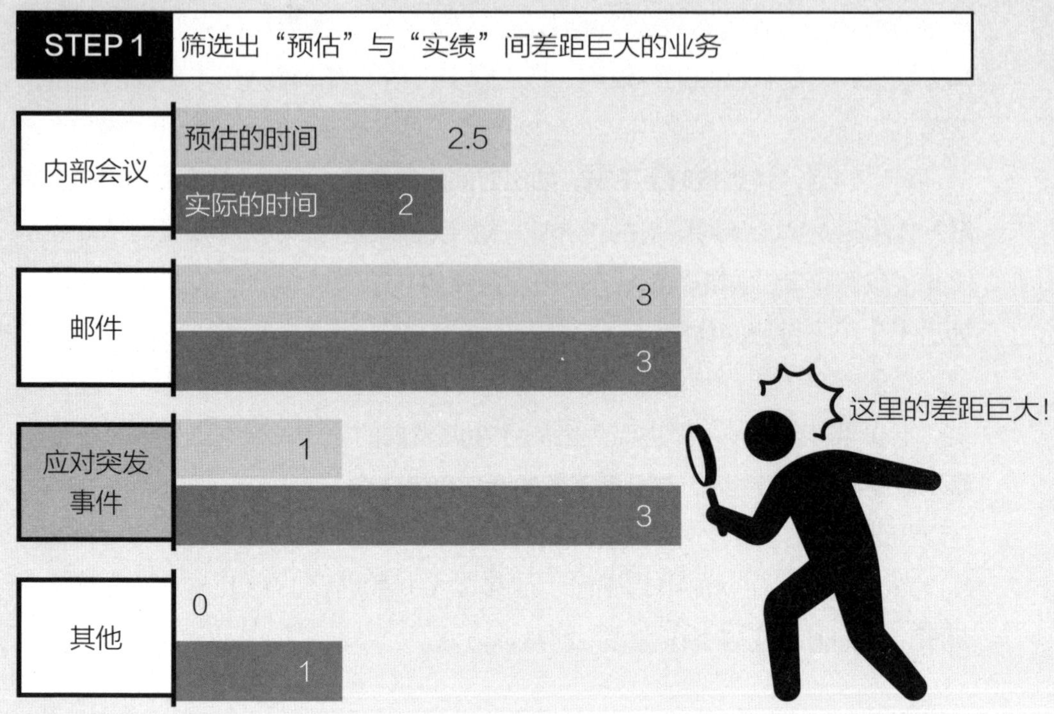

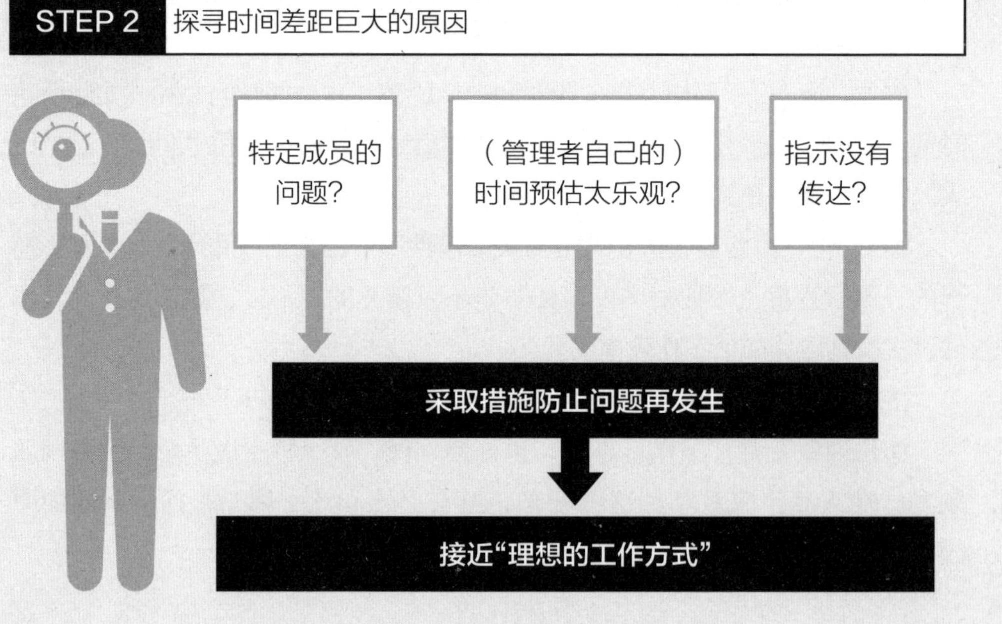

图 2-3　掌握“预估”与“实绩”的差距

能“改善对策”的 PDCA

此外，分析每项任务各花了多长时间也很有效。

图 2-3 在“邮件”上花了最长时间，重新思考这样的时间分配方式是否妥当。如果需要改善，不妨考虑将例行的邮件模板化。

如此一来，通过统计、分析“工作日志”，可以明确自己工作方式上存在的问题，并采取具体的改善对策。当然，有时候改善对策无法顺利推进，届时再尝试别的方法就好。

最重要的是，**持续实施、分析“工作日志”，坚持推动PDCA循环。**长此以往，必然能不断接近图2-2所设想的“理想的工作方式”。

所以，请先开始做“工作日志”吧！

接下来为大家分享几个记录“工作日志”的注意事项和活用技巧，欢迎大家尝试（虽然格式没有特别的要求，但我司提供的“早间邮件”https：//work-life-b.co.jp/service/tools.html 可以进行简单的统计和分析，使用起来非常方便）。

记录的方法将在第 3 章之后说明，也会出现在改变整个团队的工作方式的流程中。请团队所有成员在上班前、下班后记录，并通过邮件共享（命名为“早间邮件・晚间邮件”，下文简称“早晚邮件”），这个环节将发挥至关重要的作用。为了顺利推进“早晚邮件”，要请各位管理者掌握“工作日志”的记录方法。

Point 3

用“15 分钟”磨炼时间感

你会记录“工作方式”吗

改变“工作方式”的第一步就是记录每天的“工作日志”。我们先来看看基本原则。首先，在规划一天的日程安排时，请注意以下四条原则（图 3-1）。

① 以 15 分钟为基本单位安排时间；

② 把业务和所花费的时间（时间预估）配套思考；

③ 排日程时不预估加班，以上班时间内完成为前提；

④ 明确各业务的优先顺序。

在前一天下班时，提前挑选次日的工作，无须花太多时间就可以记录完，不过不熟练的时候也许会有些费时。

我们的客户中，也不乏一开始在做工作记录时费时较长之人。坦白地说，越是这样的人，时间的分配方式越差，越不容易产出成果。

只是，换个角度来看，他们也存在相应的“成长空间”。实际上，坚持记录“工作日志”，任何人都可以在 5 分钟内完成。由此，**时间的分配方式也越来越熟练**。记录“工作日志”也成为一种提高工作效率的训练。

以15分钟为基本单位安排时间

把业务和时间预估配套思考

08：00　上班

08：00 ~ 08：15　全体早会

08：15 ~ 08：30　确认邮件、确认当天行程

08：30 ~ 09：00　确认会议资料

09：00 ~ 10：00　干部会议

10：00 ~ 10：30　思考下属的预算分配【优先顺序1】

10：30 ~ 11：00　和B面谈

11：00 ~ 11：30　午餐

11：30 ~ 12：30　和A碰头

12：30 ~ 14：00　制作C公司营业资料【优先顺序2】

14：00 ~ 15：00　制作团队会议资料

15：00 ~ 15：30　团队会议

15：30 ~ 16：00　奔赴目标地点

16：00 ~ 17：00　为共同举办活动的内容碰头

17：00　下班回家

明确各业务的优先顺序

不要预估加班，安排上班时间内的行程

（本日应优先的工作）

优先“思考下属的预算分配”“制作C公司营业资料”

图3-1　上班前的“工作日志”记录原则

08：00　上班

08：00 ~ 08：15　全体早会

08：15 ~ 08：30　接到下属 B 的求助，称收到 Z 公司的投诉

08：30 ~ 09：00　考虑让下属应对，委托交给小组长 A

09：00 ~ 10：30　干部会议（超过 30 分钟）

10：30 ~ 11：00　确认投诉事件的进度，处理病假下属 C 的工作

11：00 ~ 11：30　打电话给 Z 公司

11：30 ~ 12：30　午餐

12：30 ~ 13：00　制作 C 公司营业资料（未完成）

13：00 ~ 15：00　赶赴目的地

15：00 ~ 16：00　拜访 Z 公司，道歉

16：00 ~ 18：00　赶赴下一个目的地

18：00 ~ 19：00　为共同举办活动的内容碰头（超过 30 分钟）

【以下为加班内容】

19：00 ~ 20：00　接到下属的求助

20：00 ~ 22：00　思考下属的预算分配【超出 1 小时】

22：00 ~ 23：00　下班回家

23：00 ~ 24：00　在家制作 C 公司营业资料（未完成）

明确预估时间和“实绩”的差异

<今日回顾>

回顾亮点和反省点

为了应对 Z 公司的投诉导致行程被大幅打乱。打算探讨防止问题再次发生的对策。C 公司的营业资料也应该在碎片时间内进行。

<明日任务>

挑选次日的工作任务

（1）C 公司营业资料。

（2）和团队谈谈面对投诉的对应问题。

图 3-2　下班时的“工作日志”记录原则

而下班时，在记录实际上如何推进工作的时候，需注意以下三条原则（图 3-2）。

① 明确预估时间和实际所花时间（实绩）的差异。

② 回顾亮点和反省点。

③ 挑选次日的工作。

其中，②和③无须在下班时做，①可以采用在工作中每完成一个任务就填入一次的方法，由此可以产生节奏感，是值得推荐的方法。接着，在③的基础上，次日早晨填写“预估”，这一循环便会不断运转。

通过每日复盘提升“时间预估”力

“工作日志”的原则仅此而已。

简而言之，在以 15 分钟为单位，规划一天的日程安排的基础上，工作时关注优先顺序，下班时进行复盘，执行起来就应该不会有思想负担。操作简单，通勤路上的公交、地铁等场所均可进行。

其次，预估的前提是不加班，即使尝试后出现无法如愿以偿、不得不加班的情况，也不要紧张，比它更重要的是“无法按计划推进的理由是什么”“原本应该优先的事项是什么”等，通过每日复盘，**让微小的改善集腋成裘**。

比如，为了优先完成上司突然交办的工作，最初的计划被打乱，导致加班。接着，假设在提交被交办的工作时，上司对你说：“其实没必要这么急……”此时就可以总结改善点：下次接到任务时，务必确认提交期限，必要时进行交涉。

或者，针对没有纳入预估时间的事项，如突然接到客户的咨询，原来的计划被打乱时，怀着“因为客户的原因被迫加班”的想法，在工作上是无法成长的。如果能反思“也许是自己没有提供足够多的信息给客户，导致客户心里没底才反复询问，未来要注意提供充分的信息，以免客户不安”，就更有助于自我成长。**养成复盘的习惯，可以切实提高工作效率。**

工作中，任务总是接二连三地出现。为了高效完成这些任务，需要练习正确预估任务所需时间和优先顺序，并将其妥善融入日程中。而练习这一技能的最佳方式就是在记录“工作日志”的同时，通过每日复盘当天的工作，每天改善一点点“工作方式”。

把“碎片时间”用到极致的方法

还有一点需要说明。在记录“工作日志”时，注意“碎片时间”的利用方式。这正是以15分钟为单位记录的意义所在。

仔细观察高效能人士可以发现，他们都**将“碎片时间”用到了极致**。比如通勤时间。即使乘坐10～20分钟的车，高效能人士也会思考要如何利用这段时间。在有座位的时间段，可以打开电脑制作一些资料；在拥挤的时间段，也可以见缝插针地阅读一些资料。记录“工作日志”时，是否善于利用这些“碎片时间”，并提前做好准备，工作效率会有天壤之别。

此外，虽说是“碎片时间”，也不是不能做一些小型的工作。即使是费时又高难度的工作，只要充分利用“碎片时间”，也可以更有效地推进。

我自己有过多次这样的经历。原本空出一整天的日程打算专注高难度的工作，结果到了当天才发现，“啊，少了某份材料没法了解情况”或者“如果不先向某人确认就没法推进下去”等，结果一天下来没出什么成果。

为了避免出现这样的结果，正确的方式是利用“碎片时间”，做一些高难度工作分解出来的小任务。如果那时候能意识到“需要某份资料”或者“必须先向某人确认”，就可以提前做好准备，弥补时间损失。

而且，高难度的工作在心理上总是令人感觉门槛太高，不愿意动手，忍不住一拖再拖，最后才慌慌张张地赶工。为了避免这一情况出现，最好将重大工作分割成几个小模块，利用“碎片时间”逐个攻破。

例如，如果要“制作企划书”，则可以分割为“挑选参考书籍”“收集历史案例”“向前辈请教”等，便会感觉每一份工作出乎意料的轻松。而且，推进这些小模块工作时，渐渐把握全局状况，心态也转变成：“好吧！最后一口气把它完成。”

关注“碎片时间”，以15分钟为单位记录工作，并持之以恒，便可**大幅削减时间损失，提升工作效率。**请一定要带着这样的意识持续记录“工作日志”。

Point 4

分析“工作方式”的简单方法

按类别分析每项工作

“工作日志”还有另外一条规则。

不要毫无章法地把所有任务一股脑儿地填塞进去，而是按照“制作资料”“会议”“外出”等类别，设立一个个“项目”，再把相应的任务分别填入其中。理由很简单，如果没有预设“项目”，就会出现【Point 2】所介绍的情况，无法统计、分析特定期间内的“工作日志”。

并且，若能把“项目”进一步细分为“大项目”和“小项目”两个层级，执行起来会更方便。比如，在大项目“会议”下设“内部会议”“外部会议”的小项目等，在此基础上记录“会议・外部会议・与A公司的公关战略会议”等，不仅可了解“会议”在工作时间中占多大的比重，还可以进一步掌握“内部会议”“外部会议”的权重，甚至可以做到对细节心中有数。

如果发现自己在“会议”上费时较多，而其中“内部会议”比例过高，便可在调查明细的基础上，探讨具体的解决对策，如“能否缩短团队的定期会议时间”“是否将单纯的汇报会议交给团队成员来做”等。为此，为“项目”设置“大项目”“小项目”两个层级至关重要。

此外，项目数量也要适当，不宜过多或过少。“大项目”设5～10个，

“小项目”设 2 ~ 5 个为宜。不过，若一开始就想一步到位地定好“小项目”，会拉高行动的门槛，所以最好先大致定好“大项目”，行动起来再慢慢优化。

另外，不属于任何项目的任务一般会归类为“其他”项目。也许，一不小心就发现，什么都被丢到“其他”这一类了。如此便无从进行有意义的统计分析了。所以，如果“其他”的数量超过整体任务量的 30%，最好能重新探讨合适的项目分类。

“想要增加的工作”和“想要减少的工作”

那么，管理者在记录“工作日志”时，又该如何设置“项目”呢？

必须重视的是自己在【Point 2】中设想的“理想的工作方式”。请回忆自己当初设想的是什么样的“工作方式”。若要增加“作为管理者”的工作，你应该设想通过减少“作为执行者”的工作，切换为将重心放在管理上的“工作方式”。

如果设立“项目”时，关注“想要增加的工作”和“想要减少的工作”，可打造出极为高效能的“工作日志”。理由在于，通过将当前分配到“想要增加的工作”和“想要减少的工作”的时间可视化，可以**明确现状与“自己应该努力实现的工作方式”之间的差距**。这样才能思考如何填补这一差距的具体解决方案。

因此，管理者第一次制作“工作日志”时，不妨按照可以明确“作为管理者”的工作（想要增加的工作）和“作为执行者”的工作（想要减少的工作）的方式设立“大项目”。

比如，“制作资料”可以分为作为管理者需要制作的资料和作为执行者需要制作的资料，所以设“管理者资料制作”和“执行者资料制作”两个“大项目”。另外，“任务推进”均属于执行者的工作，只设“执行者任务推进”一个“大项目”。依照这一技巧设置如表 4-1 所示的“大项目”，并把每一个“大项目”的主要任务设为“小项目”（表 4-1 仅为示例，请结合自己的工作内容，设置适当的大项目、小项目，确保可以有效分析）。

表 4-1 “大项目”和“小项目”记录表

大项目	小项目
制作管理者资料	内部资料
	外部资料
	信息收集
管理者碰头会	汇报、联络、商谈
	面谈
	突发会议
	其他
管理者会议	全员早会
	部门会议
	团队会议
	其他
管理者管理业务	信息收集
	销售额数据分析
	出勤情况确认
	其他
邮件	写邮件（对内）
	写邮件（对外）
	邮件确认

大项目	小项目
制作执行者资料	内部资料
	外部资料
	新闻稿
	信息收集
执行者碰头会	汇报、联络、商谈
	碰头会
	学习会
执行者营业	新营业工作
	老客户营业工作
	外出洽谈业务
	后期跟进
执行者事务处理	交通费报销
	账单制作
	报价单制作
	日报、月报制作
其他（如果此项超过 3 成，需要注意）	

【管理者资料制作】为大项目、【内部资料】为小项目

08：00　上班

08：00 ~ 08：15　[管理者会议（全体早会）]

08：15 ~ 08：30　[邮件（对外邮件撰写）] X 公司、Y 公司、Z 公司

08：30 ~ 09：00　[管理者资料制作（内部资料）] A 团队用资料制作

09：00 ~ 10：00　[管理者会议（团队会议）] 参加 A 团队会议

10：00 ~ 10：45　[管理者管理业务（销售额数据分析）] 统计 8 月的销售额数据【优先顺序 1】

10：45 ~ 11：00　[执行者营业（拜访）] D 公司

11：00 ~ 11：45　[执行者营业（老客户营业）] D 公司（交货）

11：45 ~ 12：00　[执行者营业（拜访）] 公司

12：00 ~ 13：00　[其他] 午餐

13：00 ~ 13：15　[邮件（邮件确认）]

13：15 ~ 13：45　[管理者碰头会（面谈）] 下属 E（关于明年的目标）

13：45 ~ 16：00　[执行者资料制作（外部资料）] C 公司（商品资料）【优先顺序 2】

16：00 ~ 17：00　[执行者营业（老客户营业）] C 公司（商谈）

17：00 ~ 18：00　[管理者会议（团队会议）] 参加 B 团队会议

18：00 ~ 18：15　[邮件（对外邮件撰写）] C 公司

18：15 ~ 19：00　[管理者碰头会（面谈）] 下属 F（关于明年的目标）

19：00　回家

<本日应优先工作>

打算优先 [统计 8 月的销售额数据] [C 公司（商品资料制作）]

图 4-1　管理者的“工作日志”

“项目”确定后，开始记录“工作日志”。

为了进行有意义的统计分析，需持续2 ~ 4周记录同一项目，首先可以以持续4周记录“工作日志”为目标。（参见图4-1）

一个月后，统计分析“工作日志”。于是，可以明确自己目前在“作为管理者”的工作和“作为执行者”的工作上分别花了多长时间。

也许你会发现，自己花在“作为管理者”的工作上的时间比想象中要少，不过也没关系，这只是开始。**充分认识现状是很重要的。**

实际上，在我们的客户中，绝大多数的管理者分配在“作为管理者”的工作和“作为执行者”的工作上的时间是2 ∶ 8左右，后来通过逐渐改善，不少人的比例提高到了8 ∶ 2。

别让“问题任务”捣乱

进一步分析“大项目”的倾向会发现不少问题，比如“执行者工作”占据的时间出乎意料地长，等等。如果觉得这是一个问题，则逐个确认“小项目”，分析哪一项任务占据的时间特别长。

接着，如果发现“常规管理（针对现有客户的管理）”占据的时间比较长，则可以将其交给下属，既可以减少花在“作为执行者”的工作上的时间，同时也成为培养下属的机会。

或者如果觉得“管理者碰头会”可能存在问题，则通过“小项目”分析实际情况。也许会发现，日常的“汇报、联络、商谈”较少，而“应对突发案件的会议”较多。由此可以意识到：“也许是**因为下属处于难以轻松向我汇报、联络、商谈的状况，我无法及时掌握问题案件的进度**，所以导致突发会议增加。”

就这样，通过将日常工作中可能会存在问题的任务设为“项目”，便可以进行深度思考，比如“这里真的有问题吗”“导致这个问题的原因是什么”“有什么解决方案”等。

Point 5

想“增加”？请先“减少”

找到“问题根源”

开始记录“工作日志”后，就启动了“掌握现状→发现问题点→筛查原因→执行解决对策”的循环。

其中，最重要的是“筛查原因”。比如，发现“制作资料花了太多时间”的“问题点”后，不管不顾地朝着“必须提高制作资料的效率”去努力，也难以解决问题。

此时，再次深度思考“产生这一问题的原因是什么”至关重要。在筛查出“问题的原因”之后，采取妥善的手段消除“该原因”，方能真正消除“问题”。简而言之，解决问题必须“斩草除根”。

比如，“制作资料很费时”的原因可能是“因为被下属搭话而无法集中精力做资料”。若是这样的话，可以推导出“重要资料在公司外完成”或是“窝在会议室做资料”等解决方案。

接着尝试该解决方案，过一段时间后再次统计分析“工作日志”，最后看分析结果，如果觉得虽然有所改善，但还想继续减少，则尝试思考别的原因。

也许，**源头在于制作了根本不需要的资料**（其实这是我们客户中最常见的情况）。只要有一丝这样的可能性，就可以重新调整观念，思考是否简单的资料就足够。**如果可以减少制作的资料量，便可以大幅削减制作资料的时间。**

就这样，通过不断运转“掌握现状→发现问题点→筛查原因→执行解决对策”这一 PDCA 循环（如图 5-1 所示），就可以切实改变“工作方式”。

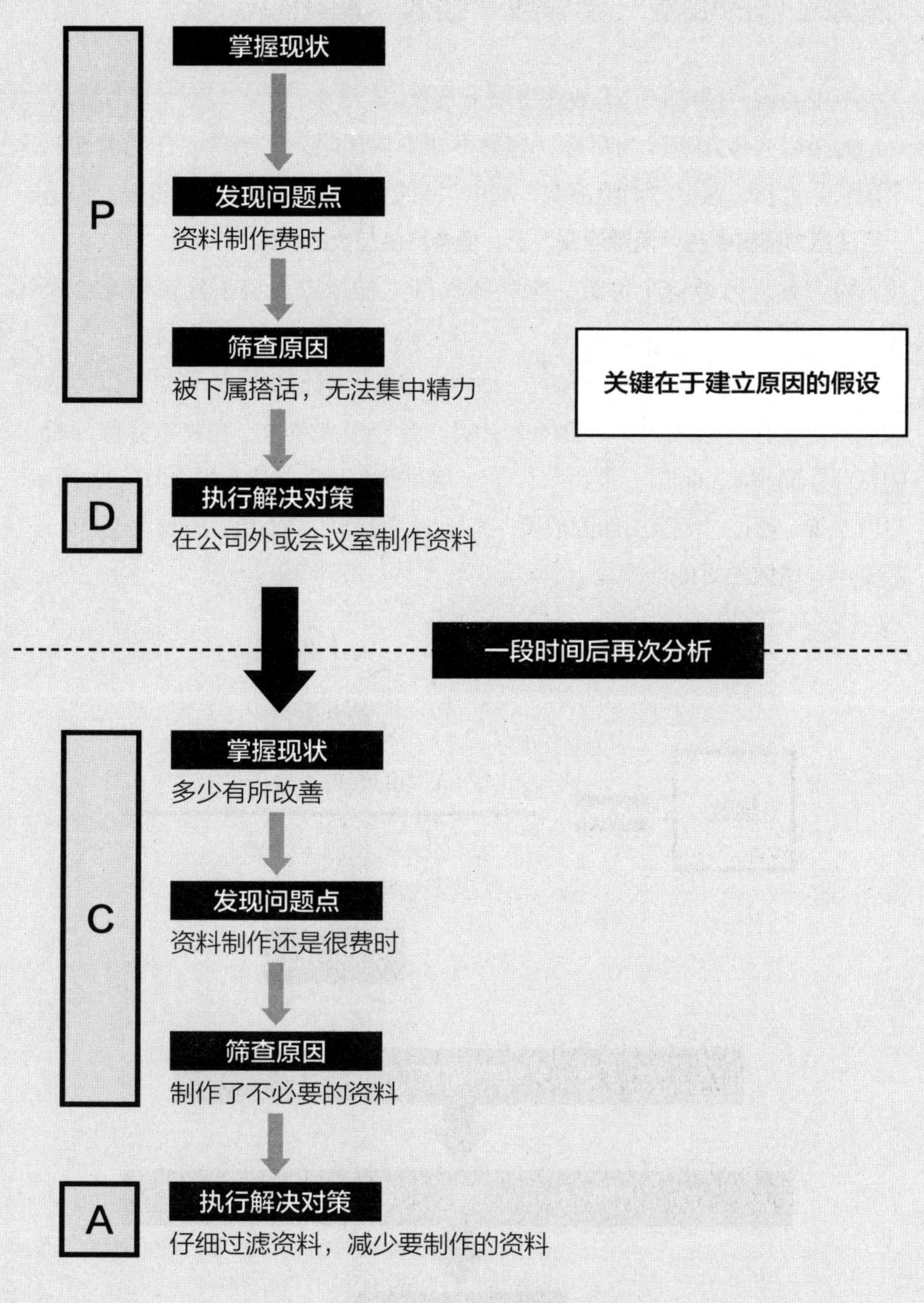

图 5-1　启动从“掌握现状”到“执行解决对策”的 PDCA 循环

“消除工作的浪费”会导致“绩效”恶化吗

在推动这一循环时，需要注意以下几点。

如果以“零加班”为目标，容易不知不觉地陷入“消除工作的浪费”这个陷阱。当然，通过“消除浪费”减少“想要减少的工作”非常重要。但是，**一旦注意力都集中在“消除浪费”上，便会产生巨大的弊端**。

因为如果只做这个环节，未必能提高工作绩效，搞不好还可能会降低绩效。

绩效以“投入的资源（人力、物力、金钱、时间）”为分母，以“取得的成果（工作的结果）”为分子来计算。若要提高绩效，在将“分母＝投入的资源”最小化的同时，要将“分子＝取得的成果”最大化，如图 5-2 所示。也就是说，通过“消除工作的浪费”来压缩“分母”是不错，但如果连“分子”都变小，绩效便可能会恶化。

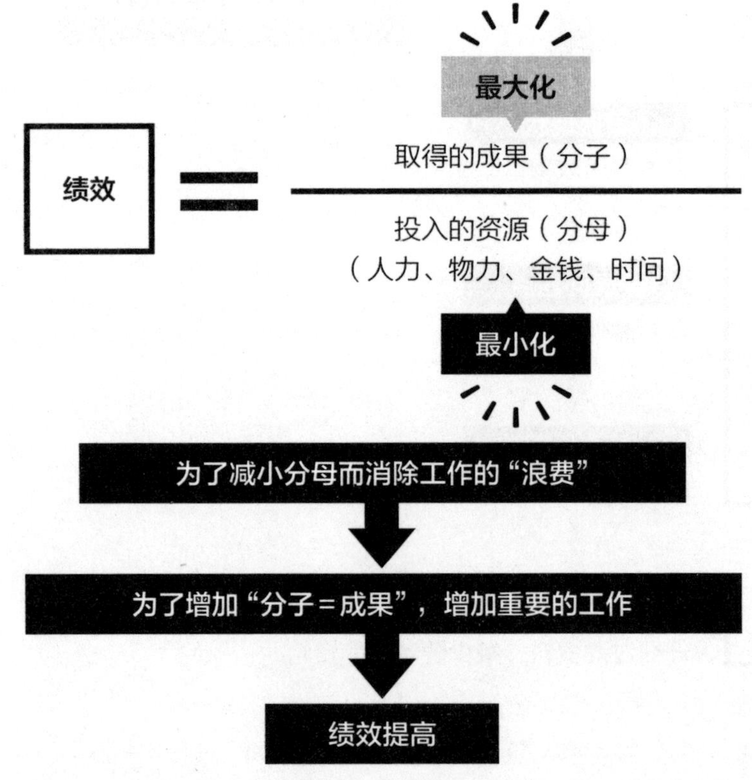

图 5-2　何为绩效

那么，管理者要将“分子 = 取得的成果”最大化，最重要的是什么呢？

前文已多次提到，**尽量将所拥有的资源投入“作为管理者”的工作中**。即便如此，如果一心扑在“消除工作的浪费”上，而不充实“作为管理者”的工作，只会导致绩效恶化。

因此，千万别忘了将通过“消除工作的浪费”而产生的余力投入到“作为管理者”的工作上。**为了“增加”重要的工作，而“减少”不重要的工作，**这是“工作方式改革”的重要原则。

用矩阵盘点重要工作

我推荐的是使用如图 5-3 所示的矩阵整理自己的工作，确认“什么工作对于管理者是重要的”。

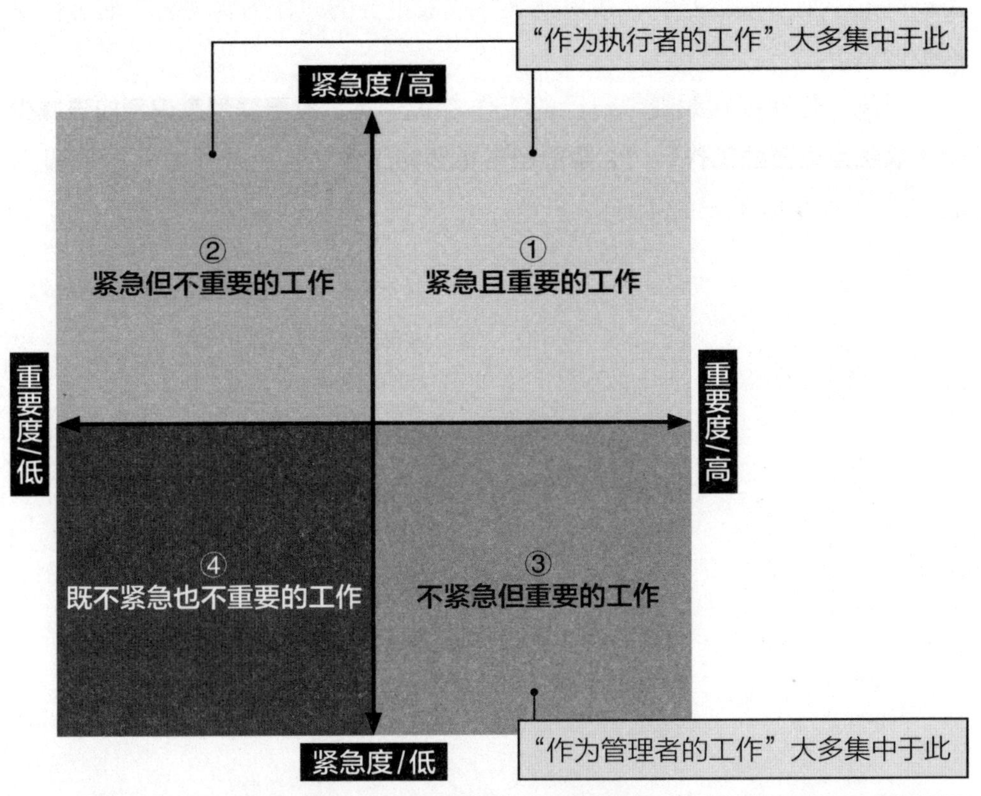

图 5-3 用矩阵整理“自己的工作”

首先，将自己必做的工作一项项写到便笺上。重要的是，将“和下属的沟通”“观察团队情况”“培养下属”等之前做得不到位的“作为管理者”的工作尽量写到便笺上。

接着，将每一张便笺分别贴到“①紧急且重要的工作”“②紧急但不重要的工作”“③不紧急但重要的工作”“④既不紧急也不重要的工作”的相应区块。所有的便笺都贴完后，观察整体。

希望大家注意的是“③不紧急但重要的工作”，恐怕这个区块贴了许多“作为管理者”的工作。也许你会发现，“和下属的沟通”“观察团队情况”“培养下属”等，原本最应该投入精力的工作，因为“不紧急”这一理由，而基本没有采取行动。

另一方面，“①紧急且重要的工作”“②紧急但不重要的工作”应该更多的是“作为执行者”的工作。因为“紧急”这一理由，会比重要度更高的“作为管理者”的工作更快地被处理，这是人类的天性。任何人都容易被“紧急度高的事情”占据心智，结果就是导致最重要的“作为管理者”的工作反而被搁置了。

因此，管理者在改变“自己的工作方式”时，**需要强烈意识到应该减少“①紧急且重要的工作”“②紧急但不重要的工作”**，以便尽量将时间投入到“③不紧急但重要的工作”上。

Point 6

绘制团队“战斗力”

先做好“一个人”的准备

正如之前所述，通过运行基于“工作日志”改变“工作方式”的循环，虽然也许要花上数月的时间，但自己能感受到一点一滴的变化。

不仅“和下属的沟通”比以前多了，团队的气氛也更融洽了，或许把工作带回家的机会也减少了。无论是多么微小的变化，只要能实际感受到，对改变“工作方式”的热情就一定会不断提升。

只是在开始感受到变化的同时，一定也能感受到局限。你可能会发现，管理者一个人无法解决的问题更多。

但是，如果将下属也卷入进来，则需要很谨慎。比如，最有效的方式是将工作交代给下属，但是如果顺序弄错，反而会产生巨大的问题。

如果随意把工作交给下属，也许有下属会曲解用意：“把完全不想干的麻烦事全都丢给我了。”实力不足的下属可能会频发各种问题。因此，管理者不仅无法集中精力在“作为管理者”的工作上，带领整个团队成长，**还有可能会将团队带入危险的状况之中。**

为了避免这样的结果，在将下属卷进来之前，需要做好充分的准备工作。

学习“单人作战会议”

那么，应该从何入手呢？

推荐“单人作战会议”。

基于现阶段已经了解的下属信息，分析团队战斗力，自己先设想团队的成长路径。

1 描绘现状战斗力图

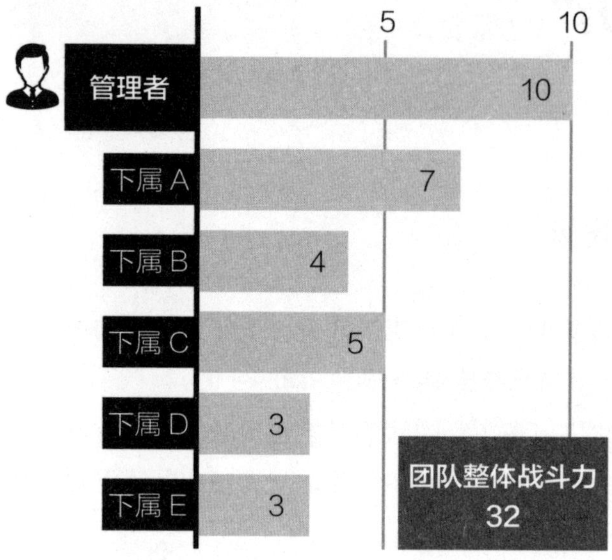

2 描绘1年后的理想战斗力图

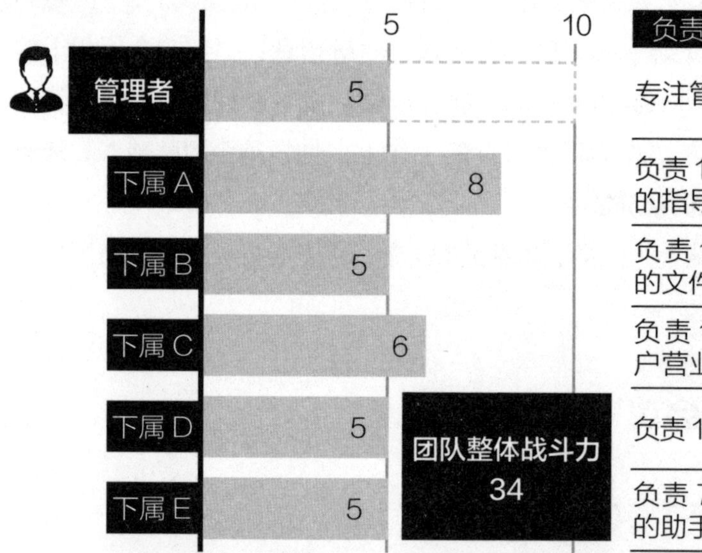

图 6-1 描绘团队的战斗力图

比如，按照图 6-1 所示的方式，罗列出每个下属的特点和负责的业务等，描绘出当前团队的“战斗力图”。

看着描绘出的“战斗力图”，开始思考作战方案，比如“感觉她有上进心，也许可以交些更有难度的任务给她”“也许可以把他的部分工作分担给新人，让他担任指导的角色”等，并设想自己作为管理者应该如何提供支援。接着，试着勾勒出（比如 1 年后）团队应努力达成的“战斗力图”。换而言之，**模拟整个团队的成长。**

“战斗力图”只要手绘在一张纸上即可。只要尝试便可以切身体会到，这是需要注意力相当集中的作业，如果在下属可以随时看到的场所，其实很难操作，不妨把自己关在会议室等场所，或者转移到办公室之外的场所进行。建议花上数小时，仔细琢磨。

了解你的下属

在描绘“战斗力图”时，最重要的是，除了了解每个下属承担的工作，还要**了解每个人的特点**。

“他想做什么样的工作”“他期待什么样的职业生涯”“他想掌握什么样的技能”“擅长的事情和不擅长的事情分别是什么”“是否存在有问题的行动”“是否存在育儿、家人需要照顾等情况”等，把自己知道的事项全部罗列出来。这些信息正是设想工作分配和接触下属所不可或缺的。

假设有一名下属更想锻炼制作资料的技能而不是具体的执行技能，与其将管理者负责的客户交给他，不如请他负责团队可以共享的资料制作，这样其个人干劲和对团队的贡献度都会更高。

或者说，如果有新人存在商务礼仪方面的困扰，不妨将管理者负责的重要客户交给实力水平第二的下属和这位新人，让实力水平第二的下属来承担教育新人的责任。

要制作出这样的作战计划，一个重要前提便是事先了解下属的特点。不过，打算实际动笔写的时候，你也许**会为自己竟然对下属知之甚少而愕然**。因为迄今为止，注意力都被“作为执行者”的工作占据，疏于和下属交流，所以一旦想要培养下属，会发现自己对必要的信息掌握不到位。

不过，一开始这样也没关系，察觉自己不了解下属这件事反而更重要。只有拥有了这种意识，才会产生真正的改变。

不断完善“战斗力图”

在这个阶段，即使自己对下属的信息了解得不充分不准确也没关系，能够描绘出“要是变成这样就好了”的团队未来“战斗力图”才是重要的。

当然，一开始写出来的东西会像是“梦想”，最好不要想着强行实施。相对而言，你首先应该意识到如何增加和下属接触的机会。

如果能增加和下属一对一的面谈是最理想的，不过对于忙碌的管理者来说，也许很有难度。这时，不妨来个“碎片化面谈”。

比如，**和下属一起外出时，利用在站台等车的几分钟时间，进行“碎片化面谈”。**可以采取了解下属工作动力的提问方式，如“最近工作上是否有觉得开心的事情？”“我当初是怀着对 ×× 的憧憬而进了公司的，你是因为什么而来的呢？”等。

此外，倾听下属在工作上的烦恼并提出建议，询问其想掌握什么样的技能也不错。正因为是“非正式场合”，私人的问题也好问，**易于掌握下属所处的情况**。

通过增加这种交流机会，每加深一次对下属的理解，就修改一次“战斗力图”。为此，也不妨把“战斗力图”的初稿夹到笔记本里，随身携带。顺便告诉大家，我的“战斗力图”空白处写满了备注，纸张也变得破破烂烂。不过，这样多次修改后，不仅团队的未来蓝图更为明确，可行性也不断提高。

就这样，在某一条件成熟时，便可以开始推动相关的下属执行这一作战计划。某一条件是指“前言”中提及的“关系质量”。如果管理者和下属间构建了良好的人际关系，不久便可以反映到整个团队的“关系质量”提升上。只有这样的情况出现后，管理者才能巧妙地让下属参与进来。

那么，如何提高“关系质量”呢？

我们会在第 2 章为大家介绍。

第2章

“关系质量”决定一切

提升“关系质量”是打造高绩效团队的基础。为此，管理者应该做什么呢？本章会为你介绍相关知识和具体对策。

Point 7

管理者的“重中之重”

“关系质量”改善的前提

管理者的本职工作是管理。

简而言之，中层管理者应该做的是“最大限度地发挥组织赋予的资源，达成团队的目标”，“充分利用有限的资源，高效能产出成果”。

为此，管理者必须做的任务多种多样，比如“全员共享团队目标”“培养下属促进其成长”“考虑工作的分配”“管理项目的进度”等。必须注意的是，**这些事项全都通过和团队成员的沟通才能完成。**

如果管理者单方面发号施令，不仅下属无法虚心地接受，内心还会产生抵触感。这样的话，不仅无法实现管理，也无法打造出高绩效的团队。

换言之，只有管理者和下属以相互信任为基础，在双向沟通的前提下构建好“关系质量”，管理者想全身心投入“作为管理者”的工作的目标才可能实现，否则高绩效的团队根本无从谈起。

话虽如此，想必不少人会疑惑，“应该注意哪些方面”“具体要怎么做”本章将为你分析管理者提高“关系质量”所不可或缺的知识。

谷歌的惊人发现

说起来，使用现有资源的同时，提高了绩效和成果的团队存在什么样的共同点呢？

实际上，有一家公司曾经花了 4 年研究这个问题，那就是谷歌。

同一家公司的员工，为什么会同时存在高绩效和低效能团队呢？为了查明这一问题，谷歌在 2012 年启动了一个名为“亚里士多德项目（Project

Aristotle)”的计划，开始了公司内部调查。试图通过数据分析，找出高绩效团队共通的工作模式。

他们先从重新审视过去50年的学术调查着手，研究打造高绩效团队的必要条件。他们先是假设公司内优秀团队的组织结构上存在某些相似之处，提出了“以多高的频率和下属在办公室之外的场所交流”“是否拥有相同的兴趣爱好”“团队成员学历是否相仿”“全员性格是否相似”等问题。可惜，他们最终未能找出高绩效团队共同点。

不过，他们发现了一个很有意思的事情——**即使特性完全相反的团队，其绩效也可能几乎毫无差异。**

比如，某个团队的下属之间关系非常融洽，下班后也经常一起玩。而另一个团队成员则除了工作需要，几乎没有交流。可是两个团队的绩效一样好。

此外，某个团队的组织架构由领导和多层级的下属构成，而另外一个队伍则是扁平化组织——这两个团队的绩效也几乎没有差别。

令人惊讶的是，下属的优秀程度对团队绩效几乎没有影响。

谷歌的团队中，一个人会负责多个项目，有时候两个团队的参加成员几乎完全相同，然而一个队伍的绩效较高，另一个则较低。也就是说，“团队成员的性格(外向或内向)”“能力和经历”“团队的组成方式”……对团队绩效几乎没有影响。

构建“心理安全”

虽然偏离了当初的设想，项目团队却发现，可能存在某种潜在的“团队规范或文化”在影响着绩效。他们准备进一步分析数据，探究“有效的规范是什么样的”。

可是，同一种规范，对具备某种规范的团队起积极作用，对别的团队则起消极作用的情况比比皆是，他们无法查明究竟什么才是对绩效有贡献的通用规范。

为此，项目团队进行了一项实验。为明确高绩效团队共通的模式，他们雇用了699人，分为若干小团队，分配给他们需要各种合作才能完成的课题。

最终，他们发现，在某个课题上进展顺利的团队在其他课题上也能顺利推进。反之，某个课题进展不顺利的团队在其他课题上也会遇到难题。分析数据后发现，所有“绩优团队”之间存在共通的特征就是下面两项：

① 团队成员的发言量几乎相同。

② 团队成员对他人情绪的感受性高。

拥有这两大特征的团队通过成员的集体智慧解决问题，而不具备这两大特征的团队，即使每个成员都很优秀，依然会“毁了”团队。

某个人口若悬河、喋喋不休，而其他成员沉默不语的团队无法顺利推进工作。反之，即便出现了中途打断他人话茬的情况，所有成员的发言量几乎均等的团队却一切顺利。

根据这一结果，他们得出了以下的结论。

“共享心理安全（psychological safety）的团队绩效更高”。心理安全是指拥有“团队成员不会嘲笑、拒绝、责备我的意见”的安心感。

当然，我们并不是要将以上规范强塞给某个组织或个人，最重要的是大家能自然而然地共享这一默认规则。而且，这和“关系和睦”又不一样，正如前文所述，即使有些团队“绝不谈工作之外的事情”，只要他们共享了这一规则，就属于高绩效团队（图 7-1）。

“管理者决定”论

看了谷歌的这项研究成果后，我深有同感。

理由在于，在我们提供顾问服务的各种企业，也能印证这一结论。

团队中存在各种各样的人：有外向者，也有内向者；有想要提升技能的老手，更有经验尚浅的新人；有人兴趣相投，也有人相处不来。每个人的价值观和工作观都不一样，这就是作为人类集体的团队的现实状况。

接受这样的差别，超越立场的差异，聆听对方的发言。接着，在沟通时接纳对方的情绪，尝试理解对方的发言。这种**“心理安全”得到保障，是保证“关系质量”的根本原因。**

而且，是培养还是毁坏这种“心理安全”，取决于管理者的处事方式。

图 7-1 “心理安全”是绩效的根源

谷歌在研究中也指出，这并非管理者将其作为明文规定就可以实现的，而是通过管理者不断做出保证下属“心理安全”的言行，日积月累，逐渐酝酿而成的。

躲避管理“陷阱”

然而，现实却是管理者存在破坏这一“心理安全”的倾向——因为管理者总是忙得不可开交。

身负达成“个人目标”和“团队目标”的双重压力，不得不疲于奔走，无论在时间上还是精神上，都容易失去和下属充分沟通的从容和淡定。不知不觉间，就难以认真倾听下属说话，不考虑对方的情绪，站在管理者的角度单方面发号施令。

于是，一旦下属没有依照自己的意愿行动，管理者为了弥补该漏洞，在“作为执行者”的工作上发力，情况便会进一步恶化，产生“为什么我得这么努力……”的受害者意识，不知不觉便对下属出言责备。

这样一来，下属就不可能“说出想法”，“心理安全”也支离破碎了。

因此，若想提高团队绩效，必须具备**将下属的“心理安全”摆在首位**的强烈意识。

极端地说，**即使牺牲一些眼前的“目标达成情况”，也应优先照顾“心理安全”。**

一旦下属开始感觉到“心理安全得到保障”，“关系质量”便水到渠成地提升了。接着，正如前言所提及的，“关系质量”提升后，“思考质量”也随之提高，“思考质量”高了，“行动质量”也随之提升，“行动质量”高了，“结果质量”也会随之提高，良性循环便启动了。

启动良性循环要比囿于眼前的“结果”重要得多。比如说，即使一开始无法达成目标，只要通过优先“心理安全”，启动了良性循环，后面的“结果”自然令人惊喜。当初的牺牲很快就可以挽回。长远来看，优先“心理安全”更有效率。

Point 8

别陷入“更优秀”怪圈

管理者的“牛角尖”思维

假设管理者已经理解了“心理安全”在团队建设中的重要性。那么，为了保障“心理安全”，管理者应该采取什么样的立场呢？

我认为，首要的是**舍弃“管理者必须比下属优秀”的牛角尖思维。**否则，一旦有了这样的牛角尖思维，便会忍不住打断下属的话，强推“自己的想法”。这样一来，下属觉得越来越难以开口，也许会丧失“心理安全”。

当然，“比下属更优秀”这一牛角尖思维的背后，是身为管理者的使命感和“工资比下属高”的责任感，其实这也是误解。

公司并非因为管理者比下属更优秀就支付“高薪”，而是期待你能提高团队绩效而付你“高薪”。可以说，**公司的要求是“重视心理安全”而非“证明自己多优秀”。**

令团队焕然新生的瞬间

在【Point 7】所介绍的谷歌研究中，记录了一个勇敢舍弃这种牛角尖思维的人物趣事。

此人叫坂口，是谷歌的日本管理者。他是社招进入谷歌的管理层，可是他负责的团队却未能顺利产出成果。后来，他成为另外一个团队的管理者，斗志昂扬地想着“这次一定要怎样”，一心扑在工作上，可是下属的反应依然很冷淡。

有一天，他把所有人召集到会议室，讨论团队的问题。会上，他的一句话使团队发生了巨大的改变。坂口在进入议题前，坦白自己患了癌症。

那一瞬间，大家都不知道说什么好。

不过，一会儿，一位下属站了起来，说起了自己的健康问题。他讲完后，另外一位下属坦白了自己痛苦的失恋经历。

后来，大家讨论起了团队的问题，不少下属表示，感觉自己可以轻松如实地表达自己对工作的不满了。也许，那就是产生“心理安全”的瞬间。

坂口没有证明自己是“比下属更优秀”的管理者，而是坦诚了自己的“烦恼”和“弱点”。结果，**下属也得以开诚布公，团队产生了“心理安全”。**

那次会议后，坂口决定制定团队的规范：“进一步向下属传达团队的工作对公司的影响”，“大家互相关怀，对有疏离感或情绪低落的人应该格外关注”。就这样，团队踏出了全新的一步，成长为优秀的团队。

展示“弱点”带来的向心力

展示自己的“弱点”，赋予管理者“力量”。

我也有过类似的经验。

实际上，我也曾经钻了“必须比下属更优秀”的牛角尖，这令我苦不堪言。2006年，我在分娩3周后创立了“工作、生活平衡株式会社”。那个年代，社会上尚未普及“工作、生活平衡”和“工作方式改革”的观念。在“必须设法让公司步入轨道”的压力下，我每天都在兼顾工作和育儿上玩命地努力。

于是，为了带领团队前进，我产生了“不能示弱”“必须证明自己比下属优秀”的牛角尖思维。

也许是这种气势太强，在精神状态从容的时候完全没有问题，可是一旦面对自己不擅长的工作或者工作压力过大时，我总是忍不住对下属说重话。而且，之后我的内心必然会被“是不是伤害下属了……”的愧疚感占据，进而陷入自我厌恶中，无比痛苦。

转机出现在2013年。

那一年，我受邀在NHK新闻节目上担任主持人，每周进行直播。实际上，我非常不擅长上电视，接受这份邀请后体会到了深深的恐惧感。

我之所以决定应邀的契机在于，恰逢“工作、生活平衡”和“工作方式改革”终于开始进入大众视野，我产生了必须通过电视节目来宣传它们的重要性的使命感。可是直到正式面对镜头我才发现，压力超乎我的想象，我曾多次在内心犯嘀咕：“也许我已经到极限了……”

那时，公司恰好举行了一次集训活动。

在完成白天的节目后，我和下属共进晚餐，谈天说地。实际上那期间我满脑子都是下周即将参加电视节目的事情，心情非常苦闷，于是，我把心一横，决定把自己的不安告诉大家。

“我真的不擅长上电视……”

在那之前，我从未向下属示弱过，这次实在是因为痛苦太甚而不得不倾诉出来。谁料，下属们纷纷大吃一惊，问道：“诶？你那么痛苦啊？为什么呢？”

我坦率地说了出来：“因为如果猛地出现我从没听过的国家的新闻，我也必须进行评论。但我是专注工作、生活平衡的‘工作、生活平衡白痴’啊，不像那些学识渊博的人，什么话题都能给出适当的评论啊！我完全做不到，我没那么深厚的学识啊！”

听完我这番话，下属们呆若木鸡，一个个的表情似乎都松了一口气。

接着，他们纷纷献言献策。

“就因为这事烦恼吗？小室社长也是‘普通人’啊，这我们就放心了。”

“这种小事没什么好烦恼的。如果觉得不妙，就用SNS发消息给我们求助，我们马上告诉你。”

那一瞬间，堵在胸口的那股郁结之气似乎倏地烟消云散了。

后来，节目开始后，下属们就在电视前守护着我。实际上也出现过他们用SNS帮我解围的情况。而且，节目结束后，他们也开始夸我：“今天也很棒哦！”

无论如何，我能顺利地完成为期一年的电视节目直播，离不开下属们的支持。

“弱点”才是管理者的武器

对我来说，这是一件大事。当然，下属们的帮助令我非常开心，不过更重要的是，我的思维转变了：“没必要在下属面前逞强。”

曾经的我总是试图隐藏自己的“弱点”，通过这次经验，我开始接受**“自己也是浑身弱点的人”**。并且，我还学到了一点：只有当我公开自己的“弱点”“烦恼”，坦诚地寻求帮助后，“我”才会真正被下属接受，我的心情也会变得轻松。

而且，自打这件事以来，下属们也渐渐对我坦诚以待，团队气氛变得更加轻松。如此一来，整个团队自然就萌生出“心理安全”。我觉得，后来公司的业绩能大幅提升，也和这个事件不无关系。

因此，衷心地希望大家务必从“必须比下属更优秀”的牛角尖中解脱出来，没有必要一定要比下属优秀。反而应该说，**有“弱点”甚至可以成为管理者的武器**。理由在于，当你狠下心来公开自己的“弱点”，团队的“心理安全”便由此产生。

当然，大前提是，管理者的“达成团队目标”“所有下属都能充满活力地工作”等意识必须比任何人都强烈。这是成为优秀管理者的重中之重。

进一步说，或许**最好卸下“工作用的面具”**。

前文所介绍的坂口说过这样一段话：

“在此之前，我把自己的人生分为工作和私生活，自己的时间几乎都花在工作上，工作便是我的人生，对其他下属也是如此要求的。但是最终我发现，如果不能在工作上坦言自己的情绪，让自己变得坦诚，就不能说自己是真正地活着吧！”

我也深以为然。其实任何人都希望卸下“工作用的面具”，坦诚地表达自己的真实情绪吧。对此有抗拒感的话，应该是对展示自我弱点而被人看扁的恐惧感在作祟。不过，只要管理者踏出这一步，任何下属都会开始“卸下面具”。接着，团队便开始焕然新生。

Point 9

管理者无须知道“答案”

为什么管理者总是说太多

团队下属的发言量基本相同。

谷歌发现，以上是高绩效团队共通的第一特征，为了打造这样的团队，管理者应该如何做呢?

“如果有下属话太多，应该进行制止”“依次制定发言者，让全员均等地说话”等，这几个方法应该会马上蹦出来。确实，在会议等容易出现发言量不均的场合下，管理者需要进行适当的控制。

不过，如果想要控制下属过强的交流意识，可能会带来反效果。因为一旦下属感觉到“管理者在试图控制我们”，他们的“心理安全”就会受到威胁。

所以，在管理者试图掌控全局之前，应当**具备自我控制的强烈意识**。与其传达自己的“想法”，不如优先倾听下属的发言。即使和自己的想法相左，也要尊重下属的发言。管理者的态度是最重要的。

不过，这相当有难度。

理由在于，具备丰富业务经验的管理者在被要求解决某些问题时，多数情况下会比下属更早明白“答案”。

面对苦恼的下属们，总是忍不住把答案告诉他们，结果便导致管理者的发言量增加。如果管理者具备“必须比下属更优秀”的牛角尖思维，就更甚了。为了证明自己“优秀”，管理者会通过不断说出答案来超越下属。

实际上，迄今为止我们已经为众多团队提供过顾问服务，**低绩效团队的会议大多成为管理者的“独角戏”**。当所有人都为团队着想，拼命地想表达自己的见解时，管理者的“独角戏”会使下属有口难开。

千万别忘了，管理者的“说话分量”本来就很重。

比如，在下属们互相建言献策，讨论得热火朝天之际，管理者只要来一句：“不，应该这么做。”毫无疑问，现场的气氛瞬间会变得尴尬，进而冷场。因为在管理者发言的瞬间，讨论的主体便从下属转移到了管理者。

结果，下属便会陷入消极的思维模式。“我们正努力寻找‘答案’，结果还是由管理者来决定啊！既然这样，一开始就让领导自己定啊！”这样一来，是无法打造出高绩效团队的。

因此，即使知道“答案”，管理者也不应该轻易说出口，而应该**等待下属自己找出“答案”。**这是管理者的铁则。

教授不如引导

在接到下属的汇报、求助、商谈时也是如此。

首先，管理者要安静地听。即使知道解决方案，也要忍住别说出口。接着，像图 9-1 那样，抛出问题，让下属说的同时，引导他们深入思考，自己顺藤摸瓜地找出“答案”。也就是说，管理者的基本原则是担任从对方身上引导“答案”的教练而不是教授“答案”的教师。

当然，对于新人等业务经验较少的下属，不具备自行思考的“素材”“知识”，一开始需要好好教授。不过，如果对已经积累了经验的下属采取教授的形式，将会剥夺他们自己发现答案的能力。

这时，也许管理者会产生这样的疑问：

“话虽如此，训练不是很没效率吗？”

经理，我做了下周要给 A 公司的资料，你能看看吗？

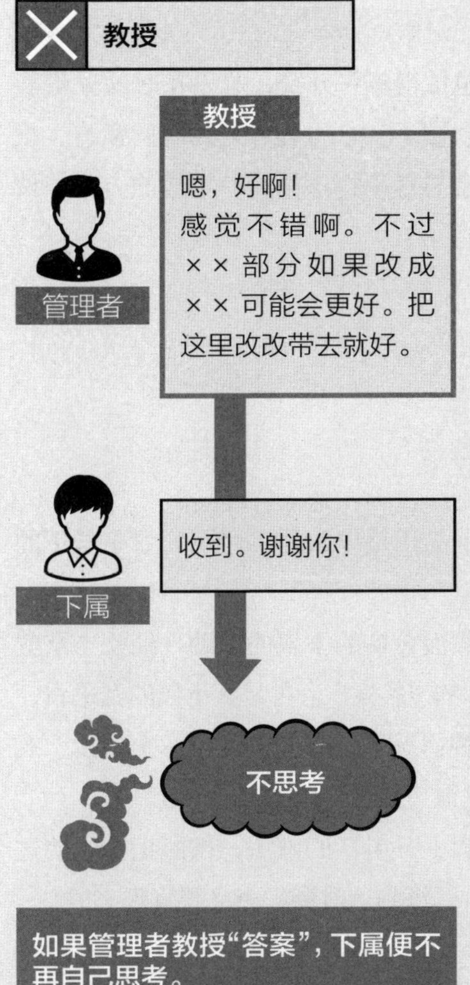

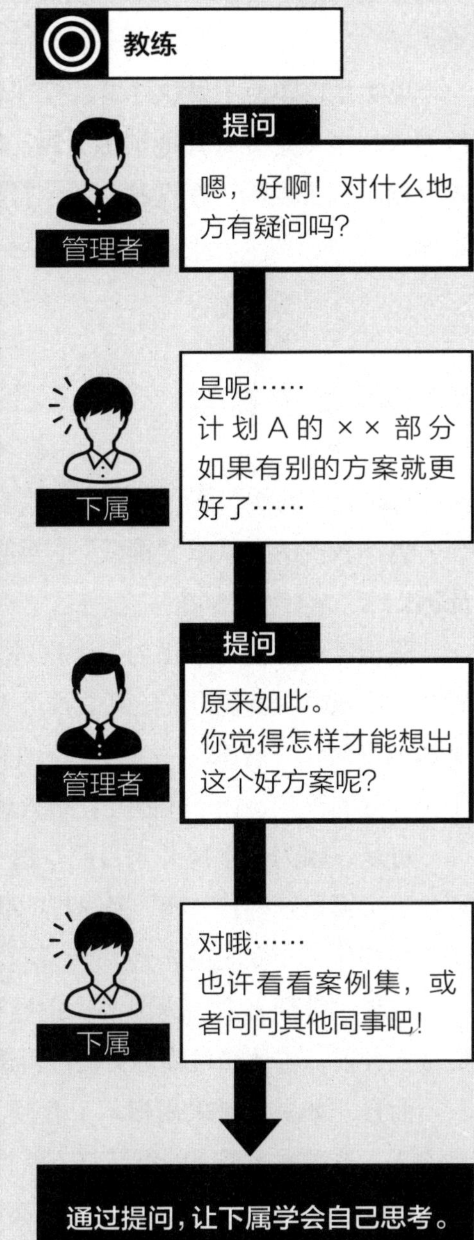

图 9-1　不要教授“答案”，而是引导“答案”

诚然，支持下属自己发现“答案”的教练方式需要相应的时间。教授“答案”，让下属依言行事的教授方式更为“简便”，这是事实。

因此，我非常理解“公司不是学校。工作都有规定的交付期，为了以最快的速度产生最好的结果，应该由管理者教授‘答案’，不断推进工作”的观点。

现实是，即使不做这件事，管理者也忙得不可开交，难以花时间采取教练方式。虽然想要好好地训练下属，但只要下一个行程计划的时间紧迫，根本就没时间去发问。在这种时候，管理者总是不得不用简单粗暴的方式教授下属。

“简便”未必有效

可是，“简便”不一定代表“效率”。

也许教授的方式很“简便”，实际上这正是导致非常严重的效率低下的原因。

假设管理者接到了正为工作推进方式而苦恼的下属的求助。经验丰富的管理者应该瞬间就能得出能高效推进工作的“答案”。可是从下属的话来看，下属似乎对该“答案”一知半解。在这种情况下，如果直接指示（教授）剩下那部分的答案，让下属照办，给人感觉很“简便”。

可是，因为该下属并未自己吃透“剩下一半”的做法，按照指示做的过程中，会冒出疑问：“咦，是这样的吗？”每到这时候，就会找管理者确认：“这里为什么会变成这样呢？”

结果，管理者会因为要多次指导下属而不得不中断自己的工作，在下属完成工作前，整体交付周期会被拉得很长。这不正是效率低下的表现吗？

而且，如果总是采用指示（教授）的方式，下属便会成为无指示不会行动之人，这种效率低下的循环将不断持续下去。

另一方面，如果一开始就和下属面对面，当好教练的话，情况又会如何呢？

在下属理解“剩下一半”工作的推进方式之前，应该需要相当长的时间吧？不过，耐着性子坚持陪下属走完这一流程，让下属能通过自己的能力找到“答案”，后续便非常轻松，基本不会出现要找管理者确认“这里为什么会变成这样呢？”的情况了。

为此，“等待”很重要。

假设，管理者问：“如果要让高层接受，应该提供什么样的数据呢？”可下属就是答不上来。这时，管理者容易做出“沉默的时间 = 浪费的时间”的判断，并做出填补沉默的发言（教授）。其实对方的大脑正在思考，所以正确答案是耐心“等待”。

按照我的实际感受，下属得出想象中水准的答案要比管理者晚5～6分钟。是否要等待这5～6分钟，正是下属能否成长的关键。即使一开始费些时间，只要自己动脑筋思考并理解透彻，下属从下次起便不会多次找管理者确认，同时也获得了自行完成工作的实力。

如此一来，在最初阶段花时间训练，乍一看显得没有效率，但**可以大幅缩短整体的工作周期**。

而且，培养了独立思考能力的下属，会逐步在其他工作中发挥这种能力。结果就是管理者花在训练上的时间越来越短，并无须再一一下指令。因此，这样的下属多了，整个团队的绩效自然也会提升。

因此，**因为“简便”这一理由，管理者便马上告知“答案”的行为一定要慎重。**按捺住想要说出“答案”的心情，等待下属自己找到“答案”非常重要。

不可朝下属“强压答案”

进而言之，**有可能管理者认为是“答案”的东西，实际上连“答案”都算不上。**也就是说，管理者的理解是一种“误会”。

我自己也曾经多次差点儿出现这样的“误会”。比如说，我曾经就某个问题接受了下属的商谈求助，有一瞬间，觉得自己“知道解决对策”。当然，我忍住没说出口，内心也暗想：“你能不能快点找到答案呢……”

不过，有时候下属思索了一会儿之后会给出绝妙的答案，而且和我所想象的“回答”有天壤之别，下属的答案显然是更为优秀的。当时，我不由得内心松了一口气：“还好没有得意扬扬地说出‘答案’。”同时也幡然醒悟："如果我把自己的'答案'强压给了下属，这么优秀的点子就不可能问世了吧。"

勇于承认"失误"

接下来我为大家介绍一则客户的轶事。

那是我为某家时装店担任顾问时发生的故事。那家店铺的管理者（店长）是一个热爱工作并爱护下属的人，但总是倾向于单方面发号施令。首先，我请他认真聆听下属的意见。于是他发现，有时候管理者的指示其实会令下属困惑。

在那之前，管理者都是观察到店客户的状况，判断接待工作人员不够时，便向正在仓库整理商品的下属下达接待客人的指示，一旦客户人数减少，就指示其"回仓库"。因为在他看来，通过管理者的灵活调配，可以以最少的人数维持店铺的运营。

然而实际上，他的误判导致了仓库作业失误的增加。

因为下属正在整理商品，忽然接到"去店面"的指令，回仓库后，便忘记之前整理到了什么程度。而负责接待的工作人员也因为突然被要求"去仓库"，而提出"无法集中精力接待客人"的意见。结果，他的"管理"导致下属加班增加了。

听到这些反馈时，管理者深受打击。因为没想到自己以为"正确"的事反而令下属不安，成为失误增加的原因……

不过他接受了现实，从根本上改变了做法。

基于每个时间段来客数的大数据，他在开店前决定"这个时间段店面3人""这个时间段仓库2人"等，并基本不再变动。

最终，店面工作人员得以集中精力接待客人，而仓库的作业失误率也剧减。而且，下属们加深了对接受自己意见的管理者的信任，士气一下子高涨起来。团队的"关系质量"得到了大幅提升。

自此，管理者改变了单方面发号施令的态度，开始聆听下属们的意见，并通过不断接纳下属的意见，不仅提高了销售额，也成功实现了"零加班"。

Point 10

“反馈”比“建议”更珍贵

用“反馈”应对下属的问题

“管理者的耐心等待很重要！”

“管理者要重视下属的‘心理安全’。”

针对以上两点，不少管理者会提出各种疑虑：“这样的话，想说的话都没法说了。如果下属有问题，不要指出来吗？指出来对他才更好吧？”

确实，作为管理者，不能对下属的“待客不妥当”“工作速度慢”“职场沟通不畅”等问题置之不理。但如果严厉指出，威胁到“心理安全”，则恐严重破坏和下属之间的“关系质量”。也许，你正为如何解决这一问题而绞尽脑汁吧？

不过，这个问题有一个妥善的解决方法，即**位于“置之不理”和“严厉指出”之间的“反馈客观事实”。**

反馈原为军事用语①，指的是告知对方炮弹距离目标存在多少偏差。只**阐述客观事实而不加入主观价值判断，这一点很重要。**

反馈和建议之间的区别，应该很容易理解。比如，“距离目标偏了2m”

---

① 反馈在日语中用于军事领域，本意即“告诉射手炮弹的着弹点偏离目标多少距离”。

属于基于客观事实的反馈，而“再瞄准右边一点会更好”则是加入了主观价值判断的建议。

所以，反馈比建议对修正对方行动更有效，理由有二：

第一，反馈只是传达客观事实，听者可以毫不抵触地接受。而建议容易被理解为“高高在上”，容易激发对方的反抗心理而造成改善效果不佳。

第二，反馈只是告诉对方“和目标地点的偏差”，思考如何修正这一偏差的主体在于对方自己。换言之，**反馈拥有促使对方自发修正行动的力量**。

此外，展示“应修正要点”的建议并未给当事人思考的余地。因此，即使对方接受建议修正了行动，也容易导致对方经常停留在不加思考的位置。**没有主动改变的欲望，人是很难改变的。**

更不用说“为什么射击时偏差这么大”这类严厉的斥责，只会令人退缩，破坏当事人的主动性。

“及时、平等”地传达

我们来思考一个具体的场景。

假设有下属和客户打电话时，语气很随意，遣词造句就像和朋友聊天一样，你在旁边听了提心吊胆：“这样对客户很没礼貌吧？”

这时，你忍不住想说：“打电话时的措辞最好能更正式点”，可这样就变成提建议了。因为这相当于指出对方的不当之处——说话不郑重，下属可能会因此变得萎靡，有时甚至会觉得恼火。

那么，怎么做才是“反馈”呢？

二者的区别在于，反馈是**直接传达“感觉到的事情”**。如果在这个场景中，听到下属用随意的口吻打电话，因为你感觉到“好像在和朋友打电话”，则可以询问：“你刚才是和朋友打电话吗？”

这只是管理者传达“我感受到的”这一事实，绝非指出对方的不当之处。于是，收到这一反馈的下属会开始自己思考：“咦，我是和客户打电话啊，我是不是做得不够好？其他人都是怎么跟客户说话的？听听其他人打电话的方式，做个参考吧……”

反馈的要点是**“及时、轻松、平等”**。在发生问题行为之后马上告诉对方，当事人容易反思，且尽量采取轻松的说话方式更容易令对方接受。

而且，不要采用“提醒”这种“高高在上”的态度，尽量平等地表达“觉得不可思议”的感受，是将对方感情上的抗拒控制在最小范围的诀窍。

如何应对“严重的问题”

只是，有时候“及时、轻松、平等”是无法解决问题的。

若问题已经长期存在，或者对周围也产生了不良影响，需要花足够的时间进行一对一的反馈。正因为问题严重，所以反馈时不损害对方的“心理安全”是**令管理者感到困难的工作之一**。

我也曾有过多次这样的反馈，我想说说其中一个令我记忆深刻的案例。

我们公司是绝对禁止加班的。因为我认为，所有人在相同的工作时间内竞争，这样产出的成果才是公平的。不过，我发现跳槽过来几个月的下属在“偷偷加班”。

如果放任下属继续下去，会令其养成牺牲私人时间来完成工作的不良习惯，最终只会导致其疲惫不堪但无法成长。明确其不得不加班的原因并消除这一原因，下属才能成长。

而且，即使一开始是主动地“偷偷加班”，时间长了，下属的受害者意识也会增强：“自己是为了公司而牺牲的，却没有得到报酬，这不公平。”便会导致其以心不甘情不愿的情绪离职的结果。

而且，即使离开我们公司，如果该下属继续怀着这种**因为“偷偷加班”而带来的受害者意识**，在职场上的发展也不会好。因此，觉得“不能再放任不管”的我，就约了她进行一对一的面谈。

她马上承认了“偷偷加班”的事实，但始终难以挣脱受害者意识的枷锁。不一会儿，她继续说：“× × 在快下班的时候会丢给我很难的工作。”

“等待”是管理者的美德

我在倾听她说话的同时，穿插了几个问题：“××在交工作给你的时候，有没有说过必须一个人完成？”“在接到工作任务时，没有人可以帮忙吗？”

于是，她深入思考的时间一点点地变长。我也默默等待她找出“答案”。过了一会儿，她抬起头，说道：“我现在才发现，××从来没有说过要我独自完成。当时办公室有不少人是可以帮忙的。因为上一份工作时养成的习惯，我陷入了必须独自完成的思维定式中，把工作带回了家。明明是因为讨厌那样做才跳槽到这里的，现在这么做是不对的！”

听到这话，我松了一口气，告诉她：“求助也是一项工作哦。××把工作交给你的时候应该也是考虑了这一点的。以后有困难的时候，我们会随时支援的，你可以依赖我们哦。”她流着泪回答：“今天能察觉到这一点，真是太好了。”

就这样，她挣脱了受害者意识，为了不再“偷偷加班”而开始建设性地努力，也开始坦诚地寻求“周围人”的帮助，并由此实现了蜕变式成长。

而且，由于她比任何人都要清楚“偷偷加班”者的心情，可以充分贴近拥有同样苦恼的客户。如今，她已经取得了众多客户的信任，成为我司的明星顾问之一，大显身手。

借由此次的反馈面谈，她发生了巨大的变化，但后来的一切成绩都是她通过自己的努力获得的，我并没有采取什么特别的举措。只是在反馈了“偷偷加班”这一客观事实后，等待她自己发现问题并修正行动。不过，这次事件让我再次意识到，**反馈才是管理者最重要的工作**。

“正面反馈”须占九成

话虽如此，并非所有反馈都能如此顺利地奏效。有时候，无论你如何谨慎地反馈，都会伤害下属的“心理安全”，无法使其直面自己的问题。这也许是无可避免的。

不过，有个办法可以提高成功的概率。

那就是反馈不只有指出“偏差”这样的负面反馈，还有告诉对方“炮弹已经落到目标地点”这样的正面反馈。只要平时有意识地做好正向反馈，提高下属的“心理安全”，在不得不进行负面反馈时，便可以作为安全网发挥重要功能。

从整体上看，大致**“有了9次正面反馈后，可以进行1次负面反馈”**。也许有人会怀疑：“能不能做到那么多正面反馈呢？”只要认真观察下属，你可以发现其无数的优点。所谓反馈，考验的就是管理者的观察力。

传达“事实”重于“夸奖”

正面反馈和夸奖略有不同。

需要注意，夸奖时，无论如何都容易带点“高高在上”的感觉。这并不是我们想要的，我们希望的是，通过“刚才演示的时候，客户身体是倾身向前在听呢”“你刚才说的那句话，××很认真地做了笔记呢”等话语，把对方的言行作为客观的事实表述出来，这样会使对方更坦诚地接受。

而且，管理者自己**表现出欢迎周围给自己负面反馈的态度**也非常重要。因为对给予自己的负面反馈表现出拒绝反应的管理者，无论多想对下属做出反馈，也不会被搭理。

当然，下属几乎不会对管理者做出负面反馈吧！不过，虽然他们说不出口，却会以“团队氛围凝重”的形式呈现出来。管理者必须对这样的氛围保持敏感度。

一旦收到下属的负面反馈，你要真诚地接受并努力改正。管理者的行为必然会传递给下属。每个人真诚地直面反馈的情况不断积累，便会打造出健全的团队。

Point 11

将工作巧妙地安排给下属

一定要重视的“最初说明”

将工作交办给下属的方式也会对和下属的“关系质量”造成巨大影响。

任何一位管理者都是经验丰富的，可如果交办给下属的工作未能如预期地推进，导致多次要求其重做的事态，不仅会降低团队工作效率，也会使双方的关系出现裂痕。

因此，管理者首先要反思自己的“工作交办方式”。当然，也许在很多情况下，下属也存在“没有认真听管理者的话”“技能不足”等问题，这是下一步要解决的问题。在那之前，管理者要先在工作的“交办方式”上下功夫。

那么，应该如何交办工作呢？

首先应该意识到要花充分的时间和下属说明工作。管理者都非常忙碌，总是容易出现想要言简意赅地只说事项的情况，这是错误的。如果不告诉对方“目标是什么”，而是像“作业”一样展开工作，将很可能导致多次返工。

假设从交办工作给下属到完成工作，需要“10 分”的劳力，最理想的是在一开始的讨论会上花费“5 分”的劳力。**在一开始的阶段花费足够多的时间，是将整体工作周期最小化的诀窍。**不要囿于“眼前的效率化”，而要关注全局，在必要的地方花费足够多的时间。

充分共享“完成的感觉”

交付工作时，请充分确认以下项目：

- 目标是什么（这项工作的目的）
- 谁来做

- 做什么
- 什么时候做完
- 怎么做
- 需要多长时间
- 为什么是此人做
- 可以和谁合作

比如，委托制作资料时，首先可以**传达制作资料的目的**：“因为需要在高层会议报告 ×× 商品的销售额变化情况，希望你能做这份资料”等。

其次，**附上达成目的所需的要点**，如“因为高层会议上的议题较多，这份报告提报的时间不多，所以希望你能做一份一眼就能了解内容的资料”等，或**说明工作的重要性，使下属产生使命感也是有效的手段**，如“让高层理解 ×× 商品销售额无法提升的情况，提出需要进行进一步促销的资料”。

通过这些办法，双方共享了工作的大方向后，传达重要的关键点，比如，“把要点汇总成一页纸，一目了然就好”“详细数据就先放在第二页吧”“尽管是高层会议，因为是面向公司内部的资料，无须太纠结设计感，不需要花费太多精力”。

通过“对话”磨合认知

在下属勾勒出大致的“完成的感觉”后，你们再一起填充具体的细节，如“资料包含的内容”“资料的结构”“完成前的路线图”等。

这一步最重要的是通过对话磨合双方的认知，避免理所当然地单方面硬塞工作，也可以**通过对方的发言确认其理解程度**。

比如，你可以询问下属：“听了我刚才的说明，你觉得制作这份资料大概需要多长时间？”如果下属设想的时间比自己预想的要多，也许说明下属想要制作超出必要程度的资料，或者认为“必须由自己单独完成”。

于是，你可以问一句：“你觉得需要谁帮忙吗？”如果该下属认为“必须独自制作”，应该就会反应过来：“还可以寻求其他人的帮助啊！”

这时，你可以告诉对方适合协助者的名字，如：“×× 是这方面的专家，如果有困难就和她商量”或“×× 上周项目刚告一段落，也许有空哦”。如此一来，**通过和下属的对话，事先逐个击破预想中的风险因素**。

沟通即“投资”

还有一条万万不能忘的要点：管理者必须决定确认过程的时机。

无论进行了多少事前磨合，在推进工作的过程中必然会产生偏差。而且，在交办较大的工作时，经常会发生走投无路的下属像在“腌菜”，把工作久置不理的情况。

最糟糕的是管理者在截止时间前才发现这一情况。也许管理者不得不接盘“赶工”，甚至有可能再怎么加班也完成不了。话虽如此，如果管理者试图在下属进行过程中“突然袭击”确认进度，则会招致下属的不满：“我是不被信任了吗？”

为了防止这一现象发生，应该采用如图 11-1 所示的正确方法，在最初阶段和下属就中途确认的时间达成共识。

就像这样，**“初期设置”做到位，便可放心地将工作交给下属**。下属必然可以毫不犹豫地朝着终点推进工作。

也许有人认为，这个沟通与确认过程“相当费劲”，但对管理者而言，这样的功夫是极为重要的“投资”。**如果管理者顺利地将工作交给下属，不仅可以提高团队绩效，双方间还会产生信任关系**。如期完成高质量工作的下属自然可以笑着传达谢意。

这种方式看似迂回曲折，但是能提高团队的“关系质量”，进而提高“思考质量”，令整个团队工作绩效实现质的飞跃。

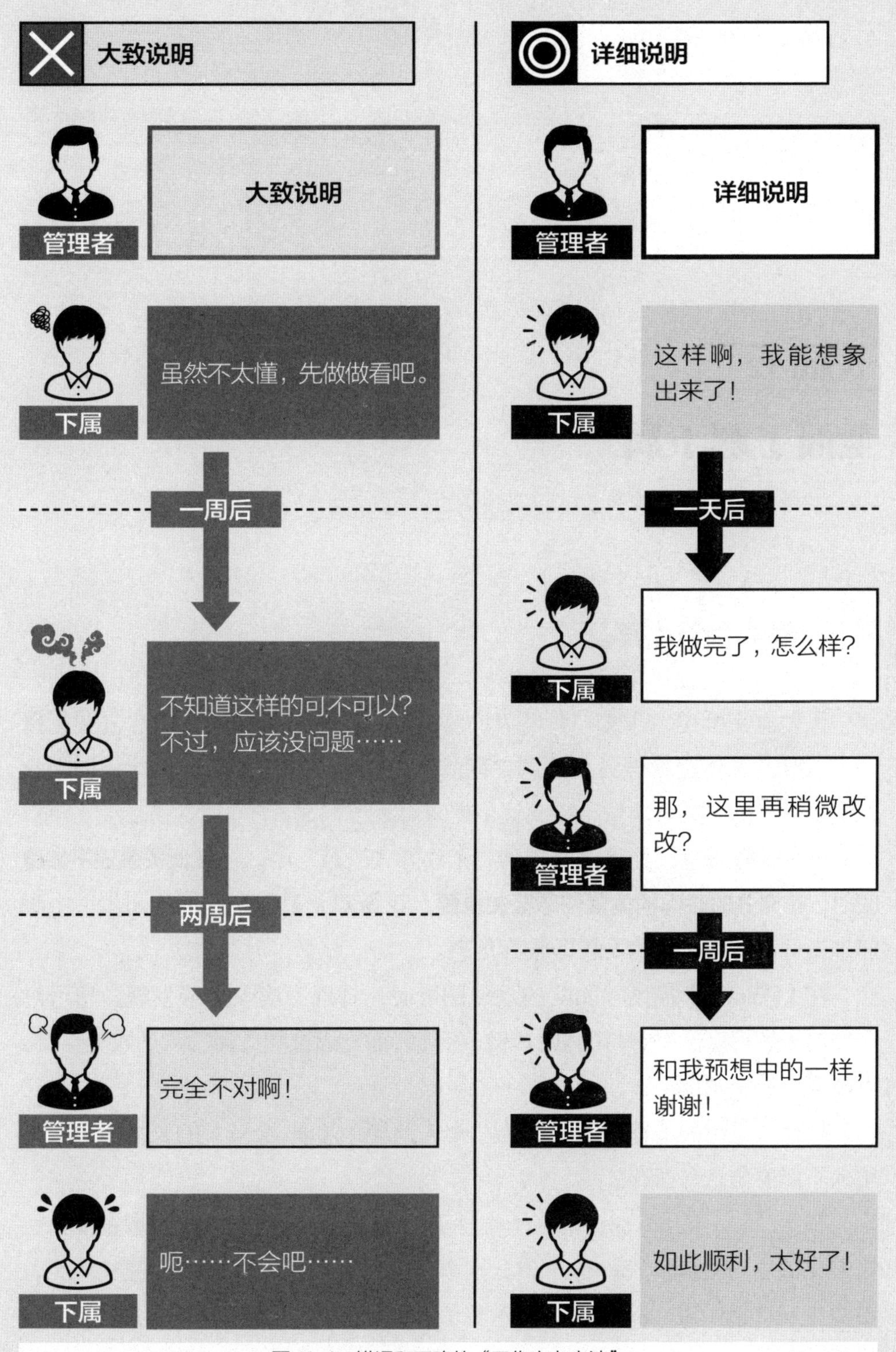

图 11-1 错误和正确的“工作交办方法”

Point 12

全面了解下属

不要忽视“个人简历”

正如前文所述，改变“管理者的姿态”和“沟通方法”，虽然需要花费一定的时间，不过管理者和下属之间的精神距离将不断缩小，彼此可以切身感受到双方的“关系质量”得到逐步提升。

不过，先别急于让下属参与到“工作方式改革”中。当**彼此关系还不够稳固时，花充分的时间构建信任感至关重要**。我希望大家能在这期间一步一个脚印地做好准备，所谓的准备即收集信息。

在【Point 6】描绘“团队的战略图”时，管理者应该已经发现，自己对下属的了解程度出乎意料的低。因此，管理者需要通过和下属的沟通收集信息，不断填补这个“坑”。

我个人采用的方法是，在名为“个人简历”（表 12-1）的表格中，随时填入下属的信息并保存。

制作“个人简历”的目的在于交付工作或希望提振士气时能采取精准化、定制化的应对措施。每一位下属分别喜欢什么，动机是什么，不擅长什么，希望克服什么困难……不断储存这类信息，作为和下属面对面交流时的参考素材。

表 12-1 “个人简历”示例

观察点	下属 A	下属 B	下属 C	下属 D	下属 E
困难	父母的护理负担	孩子的病情恶化	加班多	丈夫正在住院	独自育儿
成功体验	营业 NO.1	研讨会讲师	接到单月 1000 万日元（约人民币 66.3 万元）的订单	连续 3 年全勤奖	提升部门的利润率
擅长领域	开拓新客户	当众演讲	对医药界提案	资料制作	电话联络
不擅长领域	EXCEL	倾听	事务工作	演讲	资料制作
未来想挑战的工作	创业	在全国范围当讲师	启动新事业	制作公司手册	在内部启动会当主持人
性格 / 特点	独断	接受后才会行动	重视速度	和他人商量	不喜欢承担责任
觉得有意义的事情	业绩增长	取悦他人	未知的工作	团队合作	电话联络
休息日的活动	护理	主办研讨会	逛博物馆	阅读	育儿
和家人朋友等的人际关系	和兄弟疏远	常常抱怨妻子	不擅长和孩子聊天	良好	亲子关系和睦

这一表的形式不限，笔记本、手账本、EXCEL 表格均可。重要的是，在获得新信息时，能随手记录。我个人的做法是在手账本里夹张纸，一有发现马上记录。不过，因为这是关系到个人的重要信息，在保管上需要极为小心。

分配工作的“判断材料”

制作“个人简历”时，不妨涵盖以下项目：

- 困难
- （跳槽者）上一份工作的经历、成功体验 /（应届生）入职理由、成功体验
- 擅长领域
- 不擅长领域
- 未来想挑战的工作
- 觉得有意义的事情
- 性格 / 特点
- 本人想要成长的方向
- 休息日的活动
- 和家人朋友等的人际关系
- 育儿 / 护理 / 看护等情况

…………

以上内容并非最佳模板，可结合管理者的个性以及团队所处的状况，自行制定项目。此外，我还得提醒大家要留意下属的工作理想。

“个人资料卡”是为思考“交办什么样的工作”“交办工作时，应该采取什么方式”“如何激发士气”等情况服务的，所以需要找到那些充实的项目作为参照。

向下属交办全新的工作时，若结合下属本人的“职业生涯愿景”或“擅长的事”来谈，效果更佳。比如：“你好像说过未来想做和 ×× 领域相关的工作吧？这份工作和那个领域的接触点很多，要不要试试？”“这份任务在

人前演讲的机会也会变多，对于擅长沟通的你来说，应该可以产出高效的成果吧！”

为此，需要充分了解下属“擅长什么”“职业生涯目标是什么”“什么时候会有干劲”等具体的工作理想。

彰显长处的“个人信息”

此外，管理者还需关注下属的个人信息。

对于有女下属的男性管理者来说，也许会觉得这一点很有难度。不过**为了妥善处理“作为管理者”的工作，掌握下属的婚姻情况、孩子的年龄、育儿、护理等状况是必需的。**

假设某位女性下属无法集中精力工作。这时，如果不了解背景，管理者便武断地认为：“是对工作丧失热情了吗？”抱着这种观念与下属沟通，会对下属造成极大的伤害。

说不定造成女下属精力不集中的原因是孩子得了急病或父母的护理负担加重了。事实上，不少女性因为家庭原因，被认为“工作没干劲”，真是有苦难说。为了避免无的放矢，管理者提前掌握下属的个人情况极为重要。

反之，如果管理者能打造一个顾及每一位下属的个人情况，并针对性地提供支援的团队，则可以进一步提高团队成员的“心理安全”。

我自己也曾经有过因为照顾家人而无法集中精力工作的时期，经历过各种麻烦并向大家坦诚后，下属们总是非常体贴地为我打气。我对下属们的感激一直都在。

积攒在“个人资料卡”上的信息不仅能在和下属的日常沟通中大显身手，也是管理者每隔数月定期更新的“单人作战会议”上“团队的战斗力图”所不可或缺的素材。

想**充分发挥下属的长处，满足下属的希望**，若不思考每位下属的工作志向，描绘未来的蓝图，便无法最大限度地激发下属的潜力。

同时，管理者需要充分关注下属的个人情况。比如，如今团队中属于顶梁柱的下属的父母已处于高龄，也许不知何时其家庭负担便会加重，因此需要提前思考如何搭建旁人可以支援的体制。

管理者必须拥有这种长远的视角，以打造可持续产出成果的团队为目标。为此，提前完善“个人资料卡”非常重要。

当然，在此过程中，管理者要掌握好一个“度”，不能随意探听下属隐私。

正如【Point 8】中所述，管理者自己开诚布公很重要；接着，要传达出“希望所有下属都大展身手”的理念；平时和下属沟通好，以平等的视角观察下属。只要具备这样的态度，**必要的员工个人信息就会自然而然地聚集起来。**

在花时间加深和下属的信任关系的同时，“团队的战斗力”蓝图也逐渐深化，时机便成熟了——到了整个团队进行“工作方式改革”的阶段，具体流程我们在下一章为大家介绍。

第3章

全面启动“工作方式改革”

终于到了启动“工作方式改革”的环节。启动将决定“工作方式改革”的初始设置的顺利程度和改革的成败。

Point 13

“工作方式改革”的发动机

花点时间“交朋友”

从本章起，我将会为大家逐步解说整个团队推进“工作方式改革”的步骤。前文已多次提及，改革成功的前提是管理者和下属间已经构建了一定的“关系质量”。

下属本来就忙得不可开交，如果管理者大大咧咧地来一句：“我想改革团队的工作方式，希望大家配合。”下属会感到不安：“是否意味着要被强加额外的工作？”

因此，为了使下属主动参与，能对管理者的想法照单全收，彼此间的信任关系是不可或缺的。

为此，管理者平时倾听下属的烦恼和不满甚为重要。

任何人都会有“想要更高效地工作”“讨厌被工作压得喘不过气来”等想法。在倾听这样的心声时，通过“也许尝试调整一下整个团队的工作推进方式，是不是会更好”等发问，可以让下属更愿意支持“工作方式改革”。

此外，团队气氛尤其重要。团队里必须有一两个能影响其他成员的人。如果能拉拢他们，便可以帮忙营造出“大家不妨试试看”的团队氛围。

万事俱备后，在定期会议等场合下，管理者便可呼吁“想和大家一起进行工作方式改革，大家能不能助我一臂之力”，团队成员一定会给出积极的反应。

另外，通过直属上司，**事先征得高层的赞同也至关重要**。如果高层能支持自己推进“工作方式改革”，团队更能放心去做。

用团队力量推动“改革循环”

在得到下属的赞同后，启动改革时，管理者最好能提一个建议——定期召开下属讨论“工作方式改革”会议。我们将这个会议命名为蕴含了“改变”工作方式、早点“回家”、“改变”人生这三大含义的“改变会议”。

团队的“工作方式改革”，并非管理者试图掌控全局便能顺利推进的。全员讨论“问题是什么”“原因是什么”“解决方法是什么”，然后严格执行并复盘。只有全员推动这一循环，才能逐渐改变工作方式。

为此，全员定期讨论的“改变会议”不可或缺，这将成为“工作方式改革”的助推器。也许有下属认为，在团队的定期会议之外召开“改变会议”是一种负担，其实这是用于减轻未来业务负担的“投资”。希望管理者能为大家打一剂强心剂：“以后一定会更轻松，大家一起努力吧！”

“改变会议”建议以 1 ~ 2 周一次，每次 30 ~ 60 分钟的频率召开，执行改变“工作方式”的具体策略，并验证其效果。当然，在进入忙碌期等情况下，也没必要勉强开会，可以间隔 1 个月左右，等工作稳定下来后重新开始。

另外，单次会议的时间太长会增加大家的负担，所以尽量在 30 分钟内，最长也要在 1 个小时内结束。但是，如果遇到讨论不够充分的情况，也没必要强行得出结论。**重要的是，所有人都已理解会议主旨**，即使留到下次继续讨论也无妨。

与会人数应保持在 7 ~ 10 人最佳，如果超出这个人数，讨论将无法聚焦，导致难以下结论。因此，如果下属人数超出这个范围，可以分为多个小组进行。

别忘了基本规则

决定召开“改变会议”后，第一个环节就是设定基本规则。

为了召开一个有建设性的“改变会议”，明确告知下属希望他们遵守的事项。我们建议大家设定如下几个规则：

① 发言无须在意年龄、职务。

② 不否定对方的意见或想法。

③ 每次由大家自行思考主题或议题。

你应该会发现，①和②是关于“心理安全”的规则。“工作方式改革”需要团队协同作业，通过基本规则保障“心理安全”是至关重要的一点。

保障下属主体性的规则③也很重要。理由在于，如果不让下属们就自己认为有问题的事项进行探讨并得出解决方案，下属就不会真心实意地去执行。因此，管理者最好不要过度主导主题或讨论。

当然，在启动“改变会议”的节点上，管理者需要在一定程度上引导会议的方向；在讨论陷入胶着状态等情况下，管理者也有必要提出破局的方案。但是，即使在这样的情况下，管理者也应该只是指出讨论的方向而已。请注意，管理者不要试图掌控讨论的走向、**不要强行得出结论，而应该尊重下属的主体性**。

此外，团队也可以商量，设定除了刚才的三条规则之外的其他规则。比如，“讨论偏题时，大家互相提醒并拉回正轨”“不打断他人发言”等，追加这类规则对团队来说意义深远。

“改变会议”的诀窍在于要快乐地进行。

因为这是为了打造“更美好的团队的未来”的会议，最好可以营造出不同于平时会议的气氛。这并非业务上不可或缺的会议，说白了，只是自发组织的会议，**若下属无法乐在其中，则无法长久坚持下去**。

我采纳过的、比较有用的方法是，场地可以选择和平时不同的地方，如在风景优美的外部会议空间，播放背景音乐或准备好香氛，打造轻松的现场氛围，会颇具效果。此外，如果能准备一些咖啡或点心，“改变会议”的现场气氛自然就热闹起来了。

最重要的是，**不可过于严肃**。请努力营造出其乐融融、大家一起畅想美好未来的现场感觉，这就是令“改变会议”成功的最大秘诀。

Point 14

“便笺工作”打造的随意发言场合

让人惊叹的小小“便笺”

“改变会议”建议使用便笺讨论（我们称之为“便笺工作”），不仅可以实现“热烈的讨论”，还能使下属的发言量均等。

比如，以“你想改变的团队工作方式”这一主题开始讨论，如果呼吁“请大家自由发表意见”，结果会如何？很多时候，只会出现长时间鸦雀无声的情形，现场完全热烈不起来，有时候甚至会出现“声音很大的人”在喋喋不休，打乱了讨论节奏。如此一来，便无法进行有意义的会议。

管理者一一点名、催促发言也是一种方法，可是在这种情况下，又会产生新的问题，要么受制于第一个发言者的意见，要么**容易受“声音很大的人”的发言影响**。

然而，使用便笺便可以一举解决以上问题。

如果呼吁“请大家在 5 分钟内，在便笺上写下自己想要改变的团队的工作推进方式”，下属们应该会默默地在便笺上写下自己的意见吧。于是，时间到了后，大家按顺序一一展示自己写的便笺，并读出上面的内容即可。

如此一来，既不会出现鸦雀无声的尴尬场景，也容易确保“下属的发言量”相当。而且，写的时候没有和周围的人商量，也不容易受旁人意见的影响。因此，**便笺是实现有意义会议的极为卓越的“武器”**。

“便笺工作”完成要素

在启动“便笺会议”阶段，可以设置便笺使用方式规则。我们推荐如下几种规则：

- 不和周围的人商量；
- 使用长方形的小便笺；
- 一张便笺纸上只写一个意见；
- 使用粗笔写大字，保证其他人容易看清；
- 不要只写关键词，要用意思通顺的语句进行表达；
- 分成 3 ~ 5 分钟的时间段书写。

其中最重要的是“不和周围的人商量”，写出自己的“真心话”。这要以一定程度保证“心理安全”为前提，写的人无须暗自思忖“写这个会不会伤害到谁”“也许这么写会和 ×× 的意见相反”等。**如实写下内心的想法，**是真正意义上的建设性会议的铁则。

为此，在打造“便笺工作”时，关键在于抛开平时会议那种郑重其事的氛围，在其乐融融的气氛下进行。如果在一个郑重其事的氛围中，大家会彼此顾虑；而在和和气气的氛围中，大家既互相体贴，又更容易踊跃发言。

分组发挥“便笺”优势

便于将大家的意见分组，这也是在会议上使用便笺的一大优势。

下属一一展示自己的便笺，并言简意赅地说明，说明结束后，可以将便笺贴到白板或者桌子中间铺开的大型纸张上。于是，持有相同意见的人可以说“意见一致”，并将自己的便笺贴到一起。

如图 14-1，让下属写出了“想做但做不到的事”“可以的话，其实希望减少的工作”。其中一个人展示“应对突发事件”的便笺后，必然会聚集“来自上司的紧急委托”“来自客户的紧急委托”“前往客户处道歉”等便笺。

此外，在听到其他成员发言时，如果想到了别的问题或课题，可以当场写在新的便笺上。如“突发事件应对”已经收集了多个便笺，如果有了新的

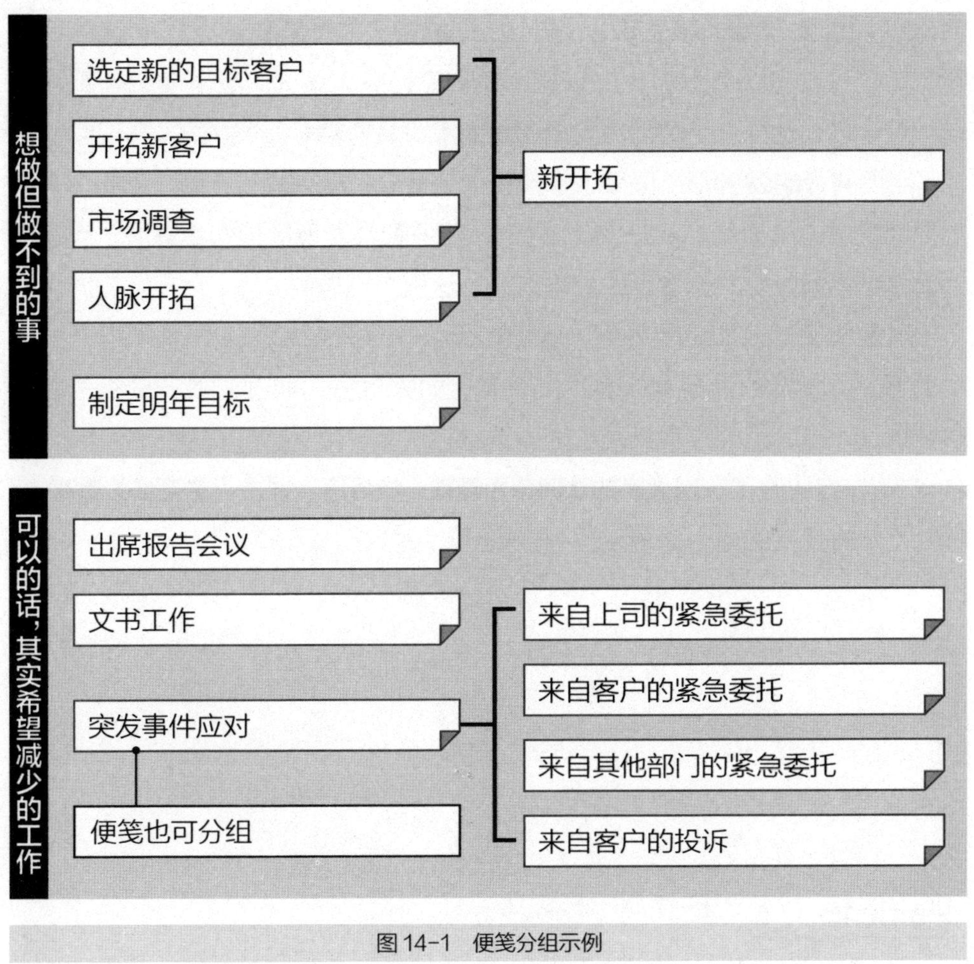

图 14-1 便笺分组示例

“来自客户的投诉”“来自其他部门的紧急委托”，就可以当场贴上去。如此一来，**便笺便实现了对信息的自动分组**。

实际操作中，保持这一过程的乐趣极为重要。

因为有趣，才会被其他成员的意见触动，“说起来，还有这个呢！”不断迸发出来自内心的建议。为了营造这样的氛围，建议管理者请下属们聚集在便笺的周围，近距离讨论。心理距离会因此更近一步，也更容易互相交流。大家聚在一起的时候，会用肢体语言进行探讨，这也是营造易于交流氛围的有效手段。

当然在此过程中，管理者不能否定任何发言。即使有自己认为偏离主题的意见，也要鼓励下属发言，可以这么评论：“原来如此，还有这种看法啊！”“这观点很新颖啊！”只要下属讨论得热火朝天，管理者只需默默守在一旁即可，这样一定可以激发出下属的不少真心话。

当所有人的发言都结束后，管理者浏览全局，再次讨论分组。如此一来，重要问题便一目了然。以图 14-1 为例，管理者会发现应该着手解决“新客户开发做得不到位”“突发事件应对很多”这两个问题。

这是便笺带来的重要好处。理由在于，“声音很大的人”难以再强推自己的意见。便笺数量多意味着赞同该意见的人数多，通过对便笺分组可以明确体现这一点，由此实现更民主的决策。

“工作方式改革”以**大家的认同感为基础，然后逐步推进，这是至关重要的**，所以不妨将便笺的这一优势发挥到极致。

Point 15

让团队敢于“吐槽”

敢说真话是重要的第一步

【Point 13】中介绍的“改变会议”基本规则确定后，终于到了“工作方式改革”的启动环节。

虽然每家企业各不相同，但我们做顾问服务时，一般会在启动环节花 1 ~ 2 个月。如表 15-1 所示，通过“改变会议”不断和下属讨论。我们认为，这一流程是后续“工作方式改革”的初始设置，也是非常重要的一步。

表 15-1 “工作方式改革”启动的日程示意表

时期	大致日程
4月	团队就“工作方式改革”达成共识 ▸决定“改变会议”的基本规则 **第2周** 第 1 次“改变会议” ▸分享团队的优势、探讨劣势 **第4周** 第 2 次“改变会议” ▸思考工作的初心是什么
5月	**第2周** 第 3 次“改变会议” ▸说出团队的理想状态 **第4周** 第 4 次“改变会议” ▸说出团队的理想状态

那么，第 1 次“改变会议”需要做什么呢？

我们建议大家使用便笺分享自己对“团队的出色之处”和“遗憾之处”的看法，也就是“热身”，目的有以下两点：

第一，通过让每位下属分享自己对团队的感受，粗略地共享“重视的事情”和“想要改变的事情”。

第二，通过吐露平时难以说出口的话，**让下属感觉到“心理安全”——原来这样说也是被允许的啊！**能做到这两点，便可以认为已经有了一个好的开头。

从提出“团队的出色之处”开始尤为重要。如果一开始就指出“遗憾之处”或者称为“团队的劣势”，与会者的心理门槛就会变得很高。下属担心自己的发言会伤害到别人，心有顾虑进而说不出“心里话”。

另一方面，关于“出色之处”这个话题，谈论的人没有“会不会伤害到他人”的担心，谈的时候没有心理负担。而且，彼此通过分享“团队的出色之处”，能够加深互相间的认同感，面对后续的“遗憾之处”也**容易吐露真言**。

会议一开始，管理者可以如此呼吁：“今天希望大家能说说对团队的感受。首先，请大家在便笺上写下觉得这个团队什么地方出色。有一点要求，希望以团队为主语，采用‘这个团队’的形式来写，拜托大家。”

这里的关键点在于**把“团队”作为主语**。因为如果以下属自己为主语，后半部分的“遗憾之处”环节恐怕会带有个人攻击色彩。无论如何，主语都是“团队”，事先提醒大家注意这一点，便可以控制后续出现氛围不融洽的风险。

做一个“默默观察”的管理者

全员写完便笺后，需要依次宣读。

“经验丰富的成员很多，便于讨教”“和其他部门相比，‘科内聚餐’较多，沟通顺畅”“具备发生问题时互相帮助的环境”“大家互相尊重、相互信任”等，积极的意见应该会不断涌出。假设针对某一张便笺，大家都表示“我也有相同意见”，就将多张便笺集中在一起。

这时，**管理者后退一步观察下属的反应**很重要。

也许有人会认为，管理者此时加入能够让会议的氛围更热烈，但这绝非上策。

反而是后退一步，管理者站在“是否有持不同意见的下属”这一视角进行观察，会有更大收获。比如，在多个下属为“和其他部门相比，‘科内聚餐’较多，沟通顺畅”这个意见讨论得不亦乐乎时，也许有因为家庭原因无法参加“科内聚餐”的下属正露出寂寞的表情。抓住并思考如何消除这种“情感差”，正是管理者的任务。

此时，管理者**无须过度掌控讨论，而应该把重点放在“观察”上**，只要平时通过“个人资料卡”掌握了每位下属的现状和特性（个性），就能进行更深入的观察。

此外，默默观察原本就对“工作方式改革”和“改变会议”不积极的下属的表现也无比重要。一定会有这样的下属存在，所以不能以否定的态度对待。不妨把注意力放在他们对什么样的话题表现出欲言又止的样子上，然后进行进一步的观察。

当他们表现出欲言又止的样子时，可以用“对于××你怎么看”来引导他们说出心里话，这是让他们对“改变会议”持肯定态度的最好机会。抓住这样的瞬间促使他们发言，并且管理者应该率先表态，便可以渐渐改变他们的观念。

既是“优势”也是“劣势”

大家对“团队的出色之处”畅所欲言后，在分组的基础上，管理者不妨这样总结：“关于我们团队的出色之处，大家提出较多的是××意见。此外还有个别同事提出的××意见，我们也都看到了。我想，这些出色之处是我们未来会继续重视的。”**不仅强调多数意见，也要认可少数意见**。

总结时需要注意的是，不要把话题引导到自己想要的方向，而是站在自然、客观的立场进行总结。

接下来，主题会转移到“团队的遗憾之处”上。

管理者可以这样呼吁：“接下来请大家在便笺上写下自己心目中团队的‘遗憾之处’，和刚才一样，主语是‘团队’。”说完后要加上一句“这对我们将来共同打造一个优秀的团队非常重要，请大家务必畅所欲言”，后一句话是在强调征集大家的意见，不是单纯地“发泄不满”，而是“希望得到能让团队更优秀的意见”。

这样尝试过大家就会发现一个有趣的现象：“遗憾之处”里会有很多和“出色之处”表里如一的意见。如“出色之处”是“经验丰富的成员很多，便于讨教”，“遗憾之处”就有“业务都集中在经验丰富的人手上”；“出色之处”有“和其他部门相比‘科内聚餐’较多，沟通顺畅”，“遗憾之处”就出现了“对无法参加‘科内聚餐’的人来说，这种聚餐导致了不平等现象”。也就是说，经常会出现既想要保留“出色之处”，也要求解决“遗憾之处”的情况。

当所有人畅所欲言后，大家对意见进行分组，管理者不妨看着便笺，引导下属评论“什么样的意见较多”，并进行简单概括“确实，针对 ×× 的意见较多”。

坦然接受“刺耳的意见”

如此一来，收齐了大家对“团队的遗憾之处”的意见后，管理者需要注意以下两点。

首先，坦然接受下属写在便笺上的内容。

也就是说，**管理者认为有好处，想推行的事情有时候会被否定**，被挑明后内心是不好受的，不过请抑制住痛苦的情绪，坦然接受才是最重要的。如果对这类意见表现出负面情绪，就会伤害团队的“心理安全”，所以希望管理者充分重视。

反之，有时候只要能做到坦然接受别人对自己的否定意见，就可以产生巨大的效果。我们曾经提供过顾问服务的一个团队里，发生过这样的故事。

下属们接二连三地提出“会议时间长”“有人话太多”等意见，所指之人显然就是管理者。管理者本人似乎深受打击，不过还是默默倾听着大家的话。

接着，他问了一个问题：“怎么做才能防止在会议上说太多话呢？”于是，有人提出“设置发言时间的上限，用计时器提醒”的解决方案，大家表示赞同，管理者当场便决定采用这一解决方案。

参与了这次会议的我，在那一瞬间切身体会到下属对“改变会议”的态度有了巨大的转变。下属们获得了“可以畅所欲言”的安全感，同时也**产生了“领导是真的想让团队变好”的信任感。**

拿出想“解决问题”的态度

第二个关键点在于，**不逃避下属提出的问题，展现出想要解决问题的态度。**

这是极为重要的一点。下属好不容易提出问题，可是管理者却没有表露出认同感，也没有打算解决问题的迹象，下属就会认为“什么啊，原来不是认真的啊”，对“改变会议”的期待度瞬间降到谷底。

相反，如果管理者展现出想要积极解决问题的态度，下属的积极性也会被调动起来。

当然，若要解决“业务集中在经验丰富的人手上”这样的大课题，需要遵循几个步骤，所以在这样的场合下，可以约定将此作为一个议题，表示“确实是这样的，这个问题我们在以后的‘改变会议’上具体探讨，思考解决方案吧”。

不过，如果把所有的问题都留给以后的“改变会议”，会让人感觉讨论是没有进展的。大家提出的便笺上，**应该有一些只要管理者当机立断就可以轻松解决的事项。**关于这类事项，不妨**呼吁大家当场提出解决方案**。

比如，对于“有人无法参加‘科内聚餐’，这样不公平”等问题，大家应该会提出各种解决办法，如“接下来的‘科内聚餐’改到 17 点开始，这样的话，着急回家的人也可以参加吧？”“为了照顾晚上无法参加的成员，选择白天，找个有包间的店开午餐会如何？”……针对其中赞同者较多的想法，管理者不妨尝试一下。

再如，如果有下属提出“希望电话联络的客户太多，比邮件沟通占去了更多时间”，管理者不妨主动说“关于这一点，下次我去拜访客户的时候提提意见”。

就这样，即使是微不足道的一件小事，只要下属通过“改变会议”体验到正在发生“好的变化”，他们对“改变会议”的期待就一定会提升。

Point 16

深挖“工作的目的”

努力的重点不是“零加班”

正如【Point 15】所述，在第一次“改变会议”上大家共享“团队的出色之处”和“遗憾之处”。在此基础上，建议第二次会议时，管理者请所有下属思考**“我们工作的‘初心’是什么”**。

也许有人会觉得这个问题比较唐突，但所有下属一起共享“工作的初心”是推进“工作方式改革”不可或缺的一环，希望大家都能回到“工作方式改革”的原点进行思考。

“工作方式改革”究竟是什么？

其目的并不在于“零加班”“削减加班”，更不可能是以“减少加班费”为目的。如果给下属造成这样的误解，“工作方式改革”便不会成功。说到底，**“工作方式改革”的目的是提高团队绩效、充实“工作”和“生活”，“削减加班”“零加班”充其量只是其中的必经阶段。**

那么，绩效又是什么？

请重新确认【Point 5】所介绍的计算公式（见 P40 页，图 5-2）。

如你所见，绩效是通过“投入的资源（人力、物力、金钱、时间）”为分母，以“取得的成果”为分子，表示出来的。也就是说，为了提高绩效，需要思考将“分母 = 投入的资源”最小化，同时**将“分子 = 取得的成果”最大化的方法**。

明确“最重要的工作”

那应该采取什么措施呢？

通常，企业用销售额、利润来测算“分子 = 取得的成果”，只要思考如何高效地将其最大化即可（若是公益性组织，则思考如何将公共利益最大化）。

也就是说，为了提高销售额、利润，需要明确“最重要的工作是什么”，只要明确了这一点，将资源尽量投入“最重要的工作”，压缩除此之外的工作，绩效自然就提高了，这就是**“工作方式改革”的本质**。

重要的是，提出**“我们工作的‘初心’是什么”**这一问题，通过和下属一起深入挖掘，团队会找到“想要增加的工作”和“想要减少的工作”，只要采取具体应对措施即可。

有个团队因为实践了这一点而大大提高了绩效。

这是一个出版结婚信息杂志企业的营业部门。这个团队的主要业务是去婚礼场所等做营销工作，请他们刊登广告，总之杂务繁多，忙得不可开交。因为加班太多，团队成员都疲惫不堪，便委托我们提供顾问服务。

我们在“改变会议”上提问：“大家工作的‘初心’是什么？”全员异口同声地回答：“营业。”确实，营业部门就是通过营业活动提升销售额、利润，这是理所当然的。

然而，分析团队的工作方式后发现，在杂务中，制作资料等业务所占的时间特别长，而分配到原本的目的——“营业”上的时间并不够。于是，团队执行了新的作战计划，决定“应该减少的工作 = 制作资料等”，并将由此剩余的时间投入“应该增加的工作 = 营业”上。结果不仅增加了营业的成交单数，也提升了团队绩效。

不过不久后有下属反映：“感觉有点奇怪。”有人提出疑问：“通过增加成交单数提高了业绩，可是让婚礼场所登广告真的是我们工作的‘初心’吗？”

深挖团队“初心”

接下来，我们请团队成员再次在“改变会议”上深入挖掘自己的“初心”。

这一次的讨论变得非常有意义。在各种意见的碰撞中，产生了“原本为什么要做这份工作”的疑问，最终，“我在这家杂志社工作的初衷是为了让更多人产生结婚的想法”“想要为解决日本的少子化问题做点贡献”的意见引发了共鸣。大家交口赞同："对呢""我也这么想"，这正是团队"初心"被深入挖掘的瞬间。

答案已经很明显，为了卖广告而营业其实并不是大家的"初心"，既然如此，如果有什么事情比一个劲儿地增加营业成交单数更有价值，那就是，更深入地了解想要结婚的人追求的是什么样的婚礼、新人们怀着什么样的梦想，等等。

于是，大家就可以对自己负责的婚礼会场进行提案式营销："现在 × 方面的需求高涨，您要不要试试这样的婚礼规划？"这样既让客户满意，做出来的杂志也会俘获读者的心。最后，也许想要结婚的恋人也变多了，甚至真的为少子化问题的解决贡献了一己之力……

讨论就这样逐步深入，管理者通过组织"改变会议"，逐渐改善了大家杂务缠身、疲惫不堪的状况，同时也增强了团队的"心理安全"。

于是，全体成员共同决定了方针：不再全力增加"营业成交单数"，而应该增加调查"想要结婚的人们的需求"的时间。为了创造出这个时间，在进一步压缩"想要减少的工作"同时，积极展开各种活动，如组织问卷调查或学习会，前往结婚人数增加的市町村视察，等等。

最后，**因为可以全力倾注在发自内心地认为"有意义"的工作上，下属的干劲也得到了提升。**"行动质量"提高后，营业成绩进一步攀升，团队的绩效发生了显著提升。

我觉得，这才是真正的"工作方式改革"。

管理者和下属一起深入思考"为了什么而工作"这一本质，然后，明确能让大家产生共鸣的"原本的工作"，接下来的事情就简单了。反复试错的同时，压缩"想要减少的工作"，专注于"想要增加的工作"便可。

只是，正如前面的例子所示，未必需要在一次"改变会议"上就得出最终结论。管理者首先要试着深入挖掘"本来的目的"；然后，基于某种"假设"，试着改变"工作方式"。如果进展不顺，再次尝试挖掘"本来的目的"，通过不断尝试，必定可以抵达事情的本质。

Point 17

拼凑出“理想的团队”

制作“工作方式改革”指南针

让我们简单地回顾一下前文。

首先，在第一次“改变会议”上，共享团队的“出色之处”和“遗憾之处”，在第二次会议上确认“团队的工作的‘初心’是什么”。在此基础上，接下来希望大家做的就是**“说出团队的‘理想状态’”**。

这将成为未来推进“工作方式改革”的指南针。而且，在为改革方向感到困惑，或下属间发生意见不合时，它能帮助所有人折返。这一流程至关重要，即使需要费点时间，也请大家一定要做到位。

团队成员讨论后确定的“出色之处”“遗憾之处”和“工作的初心”，是进一步揭示团队“理想状态”的素材。

“出色之处”会进一步强化团队的“优势”，“遗憾之处”则不断改善团队。为了完成“工作的初心”，团队成员会明确“应该增加的工作”和“应该减少的工作”。接着，通过由此展开的“工作方式改革”，让所有下属说出“发自内心地想达成的、令人期待不已的目标”。

“豪言壮语”请走开

在此过程中，最重要的是定下**大家都有同感的话**。

因此，目标不需要定得像广告词。简短的豪言壮语看上去很美，但可能导致下属因为对豪言壮语无法产生共鸣，反而会望而却步。

与此相比，把几个短语组合在一起，融入多个主题虽然略显土气，但会更好。只要每一位下属都能从团队的“理想状态”中找到共鸣的词句，就是一大成功了。

接下来我们要介绍的是，我们提供过顾问服务的企业中，取得了重大成果的团队的“团队理想状态”。

① 制造业设计部门

通过彻底提高常规作业的效率，打造易于沟通的环境，大家互相提升并拥有了能在最大程度上发挥能力的设计集团。

② IT 企业 SE（System Engineering）部门

知道彼此在团队内的职责，激发团队活力并共享信息，推进高效举措，减少加班；希望 ×× 能找到女朋友。

③ 生产商 CS（Customer Service）部门

确认了“生机勃勃、精力充沛，用积极性和协调性共享信息、提升技能、减少浪费，搞定问题没商量的清新国际 CS 部”和“认真工作、热爱家庭”的团队目标。

④ 生产商技术部门

团队协作，推动业务的高效化和互助化，重视风险规避，实现所有成员 100% 取得带薪休假的团队目标。

⑤ 生产商研究开发部门

制定明确目标，全员共享，激发高昂士气，通过标准化作业提升会议质量，消除无效时间，为创造、实验活动分配更多时间，提高绩效，实现团队价值的最大化。

怎么样？每一个都和豪言壮语的广告词完全相反吧！从旁观者的角度来看，也许句子长到过目就忘。但实际上，打造出这种“理想的团队状态”的团队，都通过下属的通力合作，实现了“工作方式改革”。我想，这正是因为其口号中涵盖了所有人都可以找到共鸣的短语。

想要“增加的工作”和“减少的工作”

让我们更深入地看看团队的“理想状态”。

先给大家举几个例子：“IT 企业 SE 部门”的目标是改善“遗憾之处”。

为了改善“不了解自己在团队中的角色”“沟通较少”“信息共享不够、加班较多”等“遗憾之处”，成员们的方法是“应该增加的工作 = 对话、信息共享、提升效率”和“应该减少的工作 = 加班”。

原来这个团队的问题在于沟通较少，不过大家在“改变会议”上分享烦恼的过程中，成员们产生了“是啊，原来大家的想法都一样”的共鸣，接着就决定“那么，也多聊聊工作之外的事情吧”，随后纷纷写出了关于充实生活的便笺。

这时，有人展示了一条便笺，写着“想要让因为加班太多没空约会的 ×× 能找到女朋友”。因为“改变会议”使团队产生了温馨的氛围，×× 笑得很开心，其他成员也纷纷情绪高昂起来：“这个好！”

于是，全员一致决定把“×× 能找到女朋友”这句话加到“理想的状态”中。正因为经过了这样顺畅的沟通过程，所有下属都认真对待“理想的状态”，于是，团队便真的一步步地接近了“理想的状态”。

人人都想提升“绩效”

“生产商研究开发部门”明确了“工作的初心”。

请注意“通过标准化作业提升会议质量，消除无效时间，为创造、实验活动分配更多时间”这一句，针对的是因“作业的标准化没有进展”“会议质量低”占用了大量时间，而在“工作的初心”，即“创造、实验活动”上时间不够的现状。

像这样把想要“增加的工作”和“减少的工作”明确记载在“理想的状态”中，将为“工作方式改革”指明方向，是一种卓有成效的方式。

另一个关键在于，该团队的目标是“提高绩效，实现团队价值最大化”而不是“减少加班”。正如前文反复提及，“绩效提升”才是“工作方式改革”的本质，全员共同追求这一目标具有重大意义。

让下属产生共鸣

下属提出意见后，最后复述一遍团队的“理想状态”，确认是否写出了全员共鸣的内容。如果大家都能接受，即可总结：“那么，就把这个作为当前的目标形象（image）吧。从下次会议开始，我们讨论如何具体实现‘理想状态’的对策。”再附上一句“请大家鼓掌”，强化完成目标的印象也很有效。

此外，**把确定后的“理想状态”张贴在所有人随时可以看到的场所**。如可以在下属的笔记本里夹一份印有“理想状态”的纸张，也可以打印出来贴在办公室的隔板或台历上。

某个行政机构在装订“改变会议”资料的文件封面上用大字写着“理想状态”。每次开“改变会议”时，这几个字都会自然而然地映入员工眼帘，促进有意义的讨论。

总之，通过将“理想状态”呈现在下属的日常视野中，让团队的“理想状态”扎根在所有团队成员的心里是很重要的，这不仅能让员工在日常业务中保持改善意识，**也会对“工作方式改革”产生集体行动感**。

提出团队的“理想状态”后，“工作方式改革”的初始设置就完成了。

接着，整个团队终于要进入具体的“工作方式改革”实操阶段了。在这一阶段，希望大家一定要尝试第 1 章介绍的“工作日志”。

第 1 章记录“工作日志”的目的在于改变管理者自己的“工作方式”，而这次的目的在于通过团队全员在上班前、下班后记录“工作日志”并用邮件分享，使每位成员在自发改善“工作方式”的同时，明确整个团队的问题，并找出改善对策。我们将其称为“早晚邮件”，并让所有咨询过我们的团队都实施了这一方法。大家纷纷反馈，自己切身体会到这一方法带来的硕果。具体做法我们将在第 4 章为大家进行详细说明，欢迎管理者和下属一起迎接挑战。

第4章

让“工作方式”可视化

接下来启动具体的“工作方式改革”流程，为大家详细解说将整个团队“工作方式”的问题可视化，并将解决方案执行到位的方法。

Point 18

团队共享“行程”

用好“最强武器”

前面的章节说过，在推进“工作方式改革”时，应该先召开 1 ~ 4 次“改变会议”（有时部分团队可能需要在这个环节开更多次会议）；接着，全员共享团队的“理想状态”，为了实现“理想状态”，管理者和下属进入一起思考并执行具体解决方案的循环。

为此，大家必须借助“早晚邮件”的力量，也就是团队版的“工作日志”。对“早晚邮件”，也许有下属会怀疑“这是要增加工作吗”，进而给出否定的反应，其实无论对个人还是团队而言，“早晚邮件”都是提升绩效的“最强武器”。

我们提供过咨询服务的众多团队中，接二连三地出现一开始略有抵触，但一段时间后成员们就感慨“早晚邮件太赞了”的情况。几个月后，成员们纷纷表示**“工作变得很轻松”**，请大家务必一试。

接下来我们来说说“早晚邮件”，它和【Point 2】中所说的“记录（工作日志）”基本相同。每天早上开始工作前，请下属以 15 分钟为单位预估当天的工作安排；下班后，再记录实际上工作是如何推进的。此外，下属还需要将早晚各自记录的结果，用邮件的方式在整个团队中分享（图 18-1）。

收件人：第 2 营业部 ML
主题：【本日计划】山田太郎 _20180802
正文：第 2 营业部各位

08：00　上班
08：00 ~ 08：15　全体早会
08：15 ~ 08：30　[邮件 · 确认邮件]
08：30 ~ 09：00　[资料制作 · 内部资料] A 团队学习会资料最终确认
09：00 ~ 10：00　[碰头会 · 学习会] A 团队学习会
10：00 ~ 10：30　[营业 · 外出公干] Z 公司
10：30 ~ 11：30　[营业 · 老客户维护] Z 公司（后期跟进）【优先顺序 1】
11：30 ~ 12：00　[营业 · 外出公干] X 公司
12：00 ~ 13：00　[其他] 午餐
13：00 ~ 13：15　[邮件 · 确认邮件]
13：15 ~ 13：45　[碰头会 · 报告联络商谈] 下属 B（研讨会的内容共享）
13：45 ~ 15：00　[资料制作 · 外部资料] 制作 C 公司提案书【优先顺序 2】
15：00 ~ 15：30　[营业 · 外出公干] W 公司
15：30 ~ 16：30　[营业 · 新客户跟进]（第 2 次拜访 · 签约）
16：30 ~ 17：00　[营业 · 外出公干] X 公司
17：00 ~ 17：15　[邮件 · 写对外邮件] W 公司
17：15 ~ 17：45　[碰头会 · 报告联络商谈] 下属 F（关于 W 公司的项目）
17：45 ~ 18：00　[事务处理 · 日报 · 月报制作] 日报制作
18：00　回家

< 本日应优先的工作 >
打算优先 [Z 公司（后期跟进）] [C 公司提案书制作]

< 一句话留言 > ● —— 请下属写下“一句话留言”
● 正在制作面向 C 公司的提案书！
请告诉我最好能加入医疗品行业的好主题！

< 回信 >
● 上个月向 S 公司提案的资料在公司共享文件夹的【S 公司】里，
可以参考一下！曾经大获好评哦！

图 18-1 “早晚邮件”示例

管理者自己记录时，在开始工作前记录“本日应优先的工作”，下班后记录“今日复盘”；在“早晚邮件”中，以此为基础，请下属写下“一句话留言”。

“一句话留言”内容不限。既可以写“连续 3 天出差手忙脚乱，不过我会加油的”；也可以写“我一定会成功完成这个项目”，用以表明自己的决心；还可以是“周末是女儿的运动会”“担心宠物猫的病情”等私人事项。另外，“正在制作面向 C 公司的提案书！请告诉我最好能加入医疗品行业的好主题！”这类具体的办公求助也不错。重要的是，团队共享每位下属的状况，而其他下属通过回复“一句话留言”，也促进了彼此间的沟通。

回信的内容也可自由发挥。比如，针对“连续 3 天出差手忙脚乱，不过我会加油的”，既可以回信说：“我也连续 2 天出差了，一起加油吧！”也可以伸出援手：“我今天内勤，有什么需要我帮忙的，尽管开口！”针对前文的具体求助，如：“上个月向 S 公司提案的资料在公司共享文件夹的【S 公司】里，可以参考一下！曾经大获好评哦！”对方收到信息后便容易采取下一步行动了。

总之，重要的是回复什么，简单的操作就可以让“早晚邮件”其乐无穷。尤其是管理者的回信，具有激发下属工作热情的效果，请积极回信。收到回信的下属会产生“被认可”的安心感，同时管理者与下属间的沟通也变得更顺畅。

优秀下属的“工作方式”

现在让我们来整理“早晚邮件”的好处，可以大概分为两大方面：

首先，**每位下属通过将自己的“工作方式”可视化，为未来进行精准改善提供了可能**；其次，通过统计、分析整个团队的“工作方式”，可以**明确团队当下的问题，并讨论具体解决对策**。

关于第一点，持续记录了【Point 2】介绍的“工作日志”的管理者应该深有体会。

通过每日复盘工作前预估的行程与实际工作情况的差异，既可以每隔一段时期，通过统计、分析自己的“工作方式”，深入洞察自己“工作方式”

中的缺点，还可以一步一个脚印地改善“工作方式”。而管理者向下属分享自己通过记录“工作日志”体会到的好处，则更易鼓励下属接受整个团队挑战“早晚邮件”。

此外，“早晚邮件”有一个独自记录的“工作记录”所没有的好处，那就是由于团队成员可以互相看到别人的“早晚邮件”，这样就能从别人的工作方式中学到很多东西，如“×× 做资料的速度居然这么快”“外出销售次数这么少还能拿到这么多合约啊”，等等。

举个例子，我们曾经提供过顾问服务的一个营业团队通过写“早晚邮件”，发现工作效率最高的居然是缩时工作的女性。于是，其他成员纷纷向她请教：“为什么你能在这么少的销售次数情况下拿下合约呢？”她告诉大家，决胜的王牌在于其一直贴身携带的“关键”营业资料。团队迅速采用了这种方法，结果所有成员的销售成绩都实现了飞跃式的提升。

这种通过公开各自“工作方式”，每个人都获得了高速成长的案例比比皆是。并且，通过“早晚邮件”来共享团队内每个成员分别推动了什么样的项目，也具有重大意义。

从内容上来说，那些浪费资源的重复性工作可能会被发现，进而得以改善；一些优秀的员工也可能会为其他成员提供有用的信息或人脉；在知道其他下属被行程安排压得喘不过气来时，一些游刃有余的成员也可以实现迅速补位。

如此一来，通过向全员分享团队内的行程，可以**鼓励下属自发互助**。这也会为管理者带来巨大的益处。

管理者大多很忙，难以对每一位下属一天的行动计划或业务状况了如指掌。有了“早晚邮件”后，管理者便可以轻松掌握现状，并提供有针对性的支援。

而且，因为管理者一整天的行动计划也公开了，下属自然容易判断“这个时间合适，可以找领导谈谈”，这就使管理者和下属间的沟通变得更便利了。

“早晚邮件”并非管理工具

希望大家注意的是，“早晚邮件”**绝非“用于管理的工具”**。

当然，管理者通过“早晚邮件”观察每位下属的“工作方式”，必要时通过给予分别反馈促使其改善，这是极为重要的工作。

或者说，通过“早晚邮件”发现业务分担比重偏倚太大，或意识到下属间的合作机制太弱，管理者理应采取某种措施。

不过，万万不可忘记，“早晚邮件”只是用于支援或培养下属的工具，绝不是监视下属的“工作方式”，如果将“早晚邮件”用于监视，下属会生出强烈的反抗意识，不会认真对待“早晚邮件”。

因此，呼吁下属实施“早晚邮件”时，建议管理者强调：“这并不是管理工具，而是用于帮助包括我自己在内的所有人成长的工具。”接着，管理者还应该明确告诉大家，“工作本来就不会完全顺着我们的想法进展，即使无法按照‘早间邮件’的规划进行也没关系。即使领导给出了某种反馈，也绝不会因此追究大家的责任。”

让团队问题浮出水面

“早晚邮件”的第二大益处是“可以明确团队的问题，并讨论具体的解决对策”。可以说，在整个团队推进“工作方式改革”的过程中，这一点尤为重要。

团队的“理想状态”中，即使加入了“通过作业的标准化、提升会议的质量，消减无效的忙碌”这句话，如果被问到“那么，具体要怎么做呢？”某位下属可能会说：“最好缩短定期会议的时间。”另一位下属可能会主张：“和客户的会议太多了。”然后，谁也没法判断到底哪一个的优先顺序高——**陷入无明确根据的浮躁会议中**。

这时，就到了“早晚邮件”发挥作用的时候。只要统计、分析一定期间内所有下属记录的“早晚邮件”，整个团队“时间被什么工作占据了”“时间被什么会议占据了”便可一目了然。

例如，如果出现图 18-2 这样的统计结果，就可以明确“内部会议所用时间大于外部会议时间”，由此可以做出决策，探讨“首先使内部会议合理化”的办法。

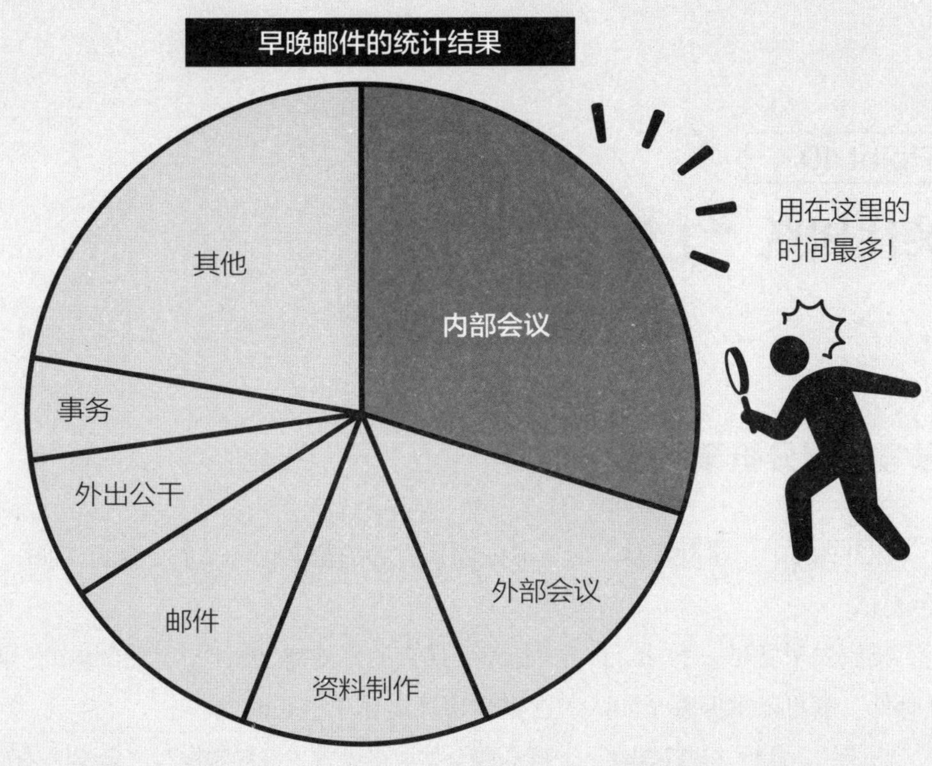

图18-2 统计、分析“早晚邮件”

就这样，通过共享客观数据，大家才得以建设性地讨论“改变会议”。也就是说，如果没有“早晚邮件”，“工作方式改革”只能凭着感觉走，不得不进行效率极为低下的试错。

如果下属都能理解，积极推行“早晚邮件”就更方便啦！

Point 19

关注团队“工作方式”

思考“想分析事项”

在开始推行“早晚邮件”时，最先需要思考的是【Point 4】所说的“项目”设定。

我们先来复习一下，推行“早晚邮件”最大的好处是，统计一定期间内的“早晚邮件”就可以掌握整个团队“在某件事情上花了多长时间”。

想统计、分析“早晚邮件”，就需要全体成员设置“资料制作”“会议”“外出”等“通用项目”，并分别填写相应的“个别任务”。如果下属的个别任务五花八门，就不可能统计、分析整个团队的“工作方式”。

因此，管理者不妨向下属展示自己记录的“工作日志”和“统计、分析结果”，传达“项目”的重要性；接着，在“改变会议”上与下属一起讨论要设置什么样的“项目”。

尤为重要的是，被填入“理想状态”中的整个团队**“想增加/减少××工作”**的部分。我们来模拟共享下属“理想状态”的团队是如何决定“项目”的。

“制定明确的目标，全员共享，保持高昂的士气，通过标准化作业，提升会议质量，消减无效时间，为创造、实验活动分配更多时间，提高绩效，将团队的价值最大化。”

这个团队在提出把“创造、实验活动”作为“想增加的工作”的同时，明确提出“标准化作业，提升会议质量，消减无效时间”，并请具备这一认知基础的下属，在便笺上写下具体“想增加的工作”和“想减少的工作 / 想提升效率的工作”。

统一“想增加的工作”

接下来，按照图 19-1 所示，对便笺进行分组，这样就可以看清应该“项目化”的主题。

首先，从“想增加的工作”来看，有一个“研究活动”分组，不妨将其定为“大项目”。持续统计、分析一段时期的“早晚邮件”，应该可以明确在所有工作任务中，“研究活动”占了几成。如果该比例低于预期，则需要探讨“应该增加到几成”。

将“需求调查”“新商品研究”“现有商品研究”“资料研究”和“学习会”设为“研究活动”的“小项目”，也许你会发现，在“现有商品研究”上分配了相应的时间，但基本没有在其他的小项目上花时间。

就这样，查清团队的实际状态后，便可以具体讨论“应该如何做”。比如，讨论“应该做更多的新商品研究”时，多人组成一个“新商品开发团队”，在新商品的开发上耗费一定的时间，也不失为一种解决方案。

而为了留出这样的时间，考虑将“新商品开发团队”成员现有的部分工作转交给其他下属，或者进一步提升工作效率。

确定“有问题的任务”

接下来看看“想减少的工作”。

团队的理想状态

“制定明确的目标，全员共享，保持高昂的士气，通过标准化作业，提升会议质量，消减无效时间，为创造、实验活动分配更多时间，提高绩效，将团队的价值最大化。”

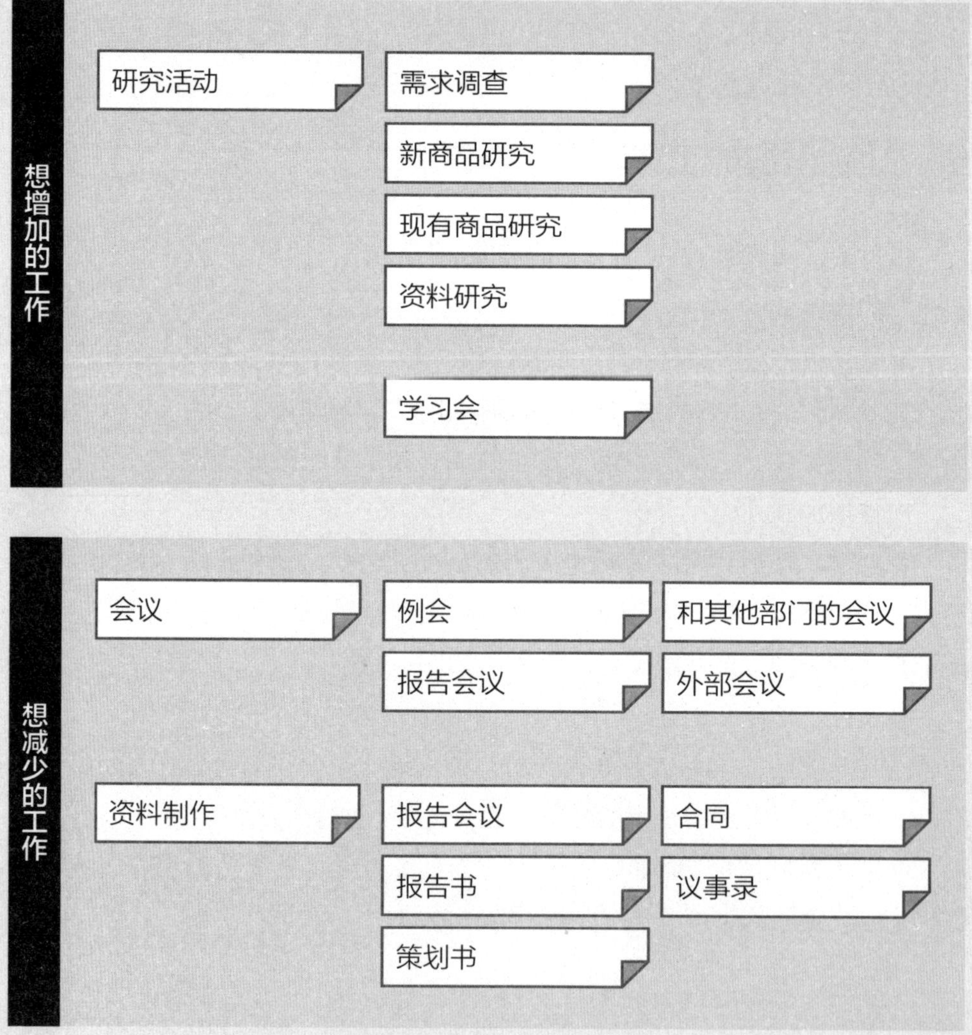

图 19-1　对“想增加的工作”和“想减少的工作”分组

因为分组后的事项中有“会议”，将其定为“大项目”。小项目中设“例会”“报告会议”“和其他部门的会议”“外部会议”，通过“早晚邮件”的统计、分析，可以明确每一项工作所占时长。

结果显示，“和其他部门的会议”占用的时间比设想中多，深入分析其理由也许会发现，和某一特定部门的紧急会议较多，则可以进一步提问“为什么和该部门的紧急会议多”，接下来就可以采取具体的改善对策，减少“和其他部门的会议”。

“大项目”数量一般为5 ~ 10个，“小项目”为2 ~ 5个，按照这个数字执行，项目一般会进展顺利（参照P36页，图4-1）。否则，如果项目过多，“早晚邮件”的填写会变得繁杂；如果太少，又无法进行有意义的统计和分析。

此外，实际开始尝试“早晚邮件”后，也会出现无法符合当初设置的“项目”的工作。需要注意的是，这类工作会被归入“其他”项目处理，一旦“其他”超过30%，便无法进行有意义的统计、分析。此时请尽快修正，开始记录2周后，不妨对项目进行一次调整。

毫不夸张地说，“项目设定”决定了“早晚邮件”的成败，乃至“工作方式改革”的成败。请管理者和下属务必深入探讨，设定更优“项目”。

启动“早晚邮件”

“项目”设定完成后，终于到了启动“早晚邮件”的环节。

但是，能真正感受到效果需要2 ~ 4周。在此期间，管理者请鼓励所有下属快乐地参与其中。

比如，针对下属“早晚邮件”的“一句话留言”，管理者可以写一句积极的回应：“你一直都很努力”“你的工作非常辛苦，谢谢你”，不仅可以令下属安心，也可以提高他们对“早晚邮件”的积极性（当然，口头传达也没问题）。此外，在“改变会议”中，不妨探讨“个别任务要详细到什么程度”，确定一个无须勉强就能持续推进的方法。

比起正式的“工作方式改革”，管理者更应该先使“早晚邮件”在团队中扎根。

Point 20

用矩阵剖析“业务分担”

4 个模块分解团队业务

在“改变会议”上，有件事情需要和【Point 19】所介绍的“项目”的设定平行展开。那就是“将团队的业务分担可视化”。

根据我多年的从业经验，加班越多的团队越容易发生“业务偏倚”，基于这种不公平感，团队成员的“关系质量”随之降低。为了防止这一现象发生，可将每位下属所负责的工作“可视化”，确认是否存在“业务偏倚”。全员一起探讨、支援负担较重的下属，或者指定合适的人选进行任务分担。

具体做法也很简单。首先，在一张 A4 纸上写下【Point 5】出现过的“紧急度和重要度矩阵”。在此基础上，每位下属在每张便笺上写下一项“目前自己负责的工作”，以“每人 20 张便笺”为目标，写得越细致越好。

接着，把大家写好的便笺分别贴到 4 个象限中——“①紧急且重要的业务”“②紧急但不重要的业务”“③不紧急但重要的业务”“④不紧急也不重要的任务”。大家依次确认贴出的便笺“贴到这个位置真的好吗”，有不恰当的就重新贴到最合适的位置（图 20-1）。

管理者需要注意一点，那就是别忘了写出“管理业务”。特别是别漏了平时一不留神就容易被延后的“下属的培养”“技术和知识的传承”等业务。

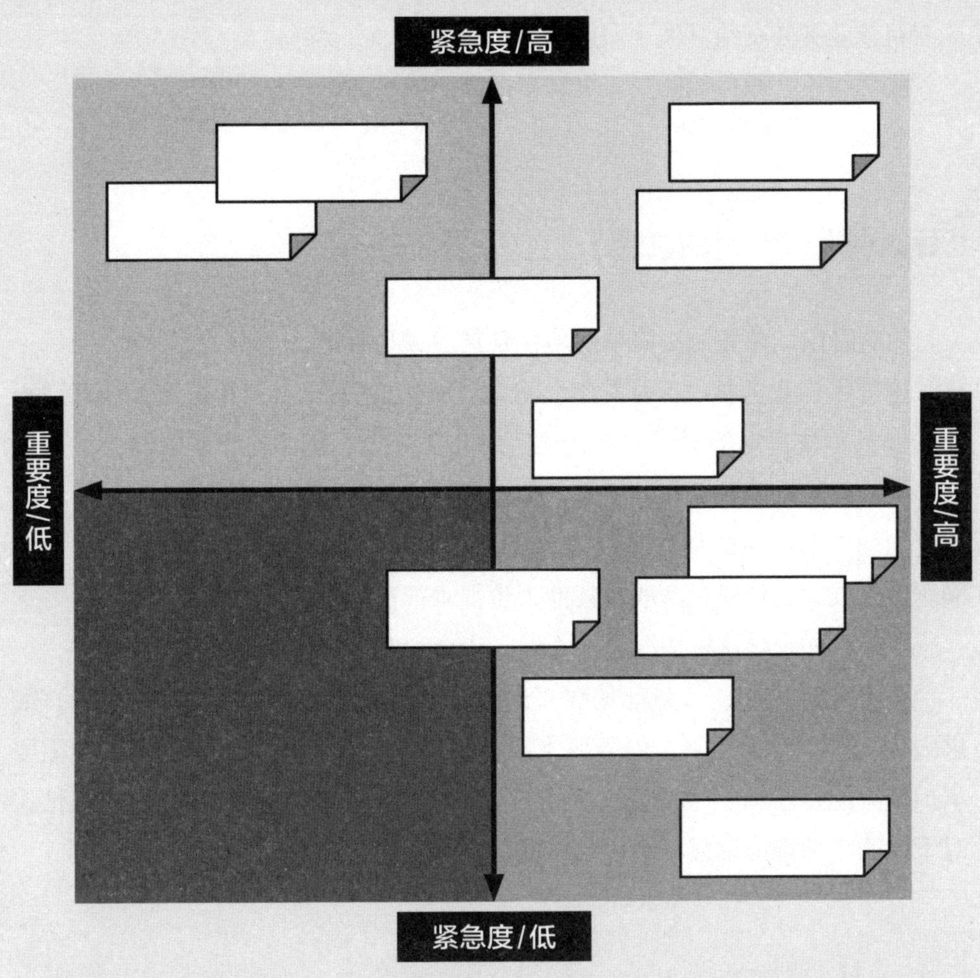

图 20-1 用矩阵管理团队的业务分担

遵循这一流程后，现阶段团队的业务分担状况便一目了然了。在此基础上，管理者要确认“①紧急且重要的业务”是以什么样的形式分配给了什么人。如果这些业务集中在特定成员的手上，可以商量是否由其他下属施以援手，或者将该业务转交给其他下属。

成功纠正“业务偏倚”，可切实提高团队绩效。

“专人化”带来的隐患

但有时候，业务无法简单地转移到其他成员手上。

这是因为业务被“专人化”，分给了特定的下属。尤其是当大多数“重要的业务”被特定的成员“专人化”时（实际上，集中在管理者身上的情况较多），就很难将该工作转交给其他下属。这将给团队带来风险。

比如，一旦该成员罹患急病，就会产生其他任何人都无法跟进该项目的问题。又或者，该成员离职，其他人也很难很快上手。

此外，如果对这种情况置之不理，也会给管理者带来巨大的风险。

2019 年春天起，《劳动基准法》修订，明确了每月劳动时间的上限，如果因为工作“专人化”，而导致下属持续地、长时间地加班，管理者也需要承担相应的责任①。一旦出现这样的问题，便不是简单一句“我自己也很忙，对下属的个别情况掌握不到位”可以解决的了。

明确“专人化”的危险性

我们曾经提供过咨询服务的某大型气体公司曾经发生过一件令我印象深刻的事情。

当一位 20 多岁的咨询师提议“因为大家的工作都是专人化，制作操作手

① 日本《劳动基准法》规定，原则上劳动者一天工作8小时，一周工作40小时以内。加班时间不能超过每月45小时，每年360小时的上限；否则用工者将被处以6个月以下有期徒刑或30万日元（约2万元人民币）以下罚款。

册共享技术诀窍，打造一个任何人都可以负责业务的状态”时，一位50多岁的男性成员随即震怒：“我的工作不是谁都可以马上上手的，别傻了！”现场气氛瞬间冻结，他则直接离开了会议室。

后来，看到其他同事都积极致力手册的填写，那位50多岁的男士也渐渐写起了手册。正好那段时期，他的母亲去世，他请了丧假回家奔丧。4天后，重回岗位的该男士向女性咨询师道歉：“我错了，如果没有写好手册，我就不得不给客户带来麻烦，并且难以安心送母亲最后一程。这次是在其他成员的催促之下一点点地完成了手册，才能在母亲丧礼期间没有接到来自客户和公司的电话，得以静下心来当丧主。”

“我想，以前的我拥有的是半吊子的专家意识，一直认为做非我不可的事情才算是专家。现在我明白，**真正的专家应该是平时就搭建好体制——无论什么时候发生了紧急情况，都不会为客户添麻烦。**通过这次的事，我终于发现了这一点。”

听了这番话，我们也非常感动。从该男士的话中我们也可以发现，如果放任业务的“专人化”，无论对下属还是团队都是巨大的隐患；但只要提前消除“专人化”，就可以打造一个危急时刻也能应对自如的团队。

消除“专人化”，打造“强团队”

我想再介绍一个熊本县某健康食品公司的故事。这家公司的社长和管理者们团结一心，推进“工作方式改革”。一开始，员工们大多怀着消极心态，在管理者们坚持不懈的努力下，渐渐地，全公司的“工作方式”发生了改变。

其中，最有特色的是全力打造一个消除“专人化”，即使有团队成员不在岗位，工作也能顺利运转的体制。原本因“难以长期休假”而死心的下属们，休假的达成率也接近100%。

2016年4月，熊本县发生了地震。公司靠近震源地的房子遭到了破坏，但管理层还是将一楼作为紧急避难所，向当地居民开放。而很多外地客户不知道该公司在此次地震中受灾，订单源源不断地传来。公司不仅要发挥避难所的功能，还必须和平时一样推进生产工作。

此时，公司平时推进的消除“专人化”的工作开始发挥作用，因为下属们可以互相补位，各项工作得以有条不紊地展开。那些不得不离开岗位、照顾亲人的下属也可以毫无心理负担地休假。

“如果工作方式还是和以前一样，处于‘专人化’的状态，这次地震一定会导致业务停滞，给客户带来巨大的麻烦。”社长说话时的样子令人记忆深刻。

因此，消除业务“专人化”与不管陷入任何困境都能运转的“强团队”是直接挂钩的。关于这些益处，管理者可以在“改变会议”上呼吁大家一起努力消除“专人化”吧。

Point 21

“健全团队”VS“不健全团队”

增加“不紧急但重要的业务”

【Point 20】所介绍的“业务分担矩阵”中，需要再次确认一个问题——“4象限矩阵”的平衡。

如果“①紧急且重要的业务”“②紧急但不重要的业务”较多，而“③不紧急但重要的业务”较少，则是整个团队“工作忙得不可开交”的证据（图21-1）。需要注意的是，越是疲惫不堪的团队，大家写的便笺任务越集中在“①紧急且重要的业务”上。

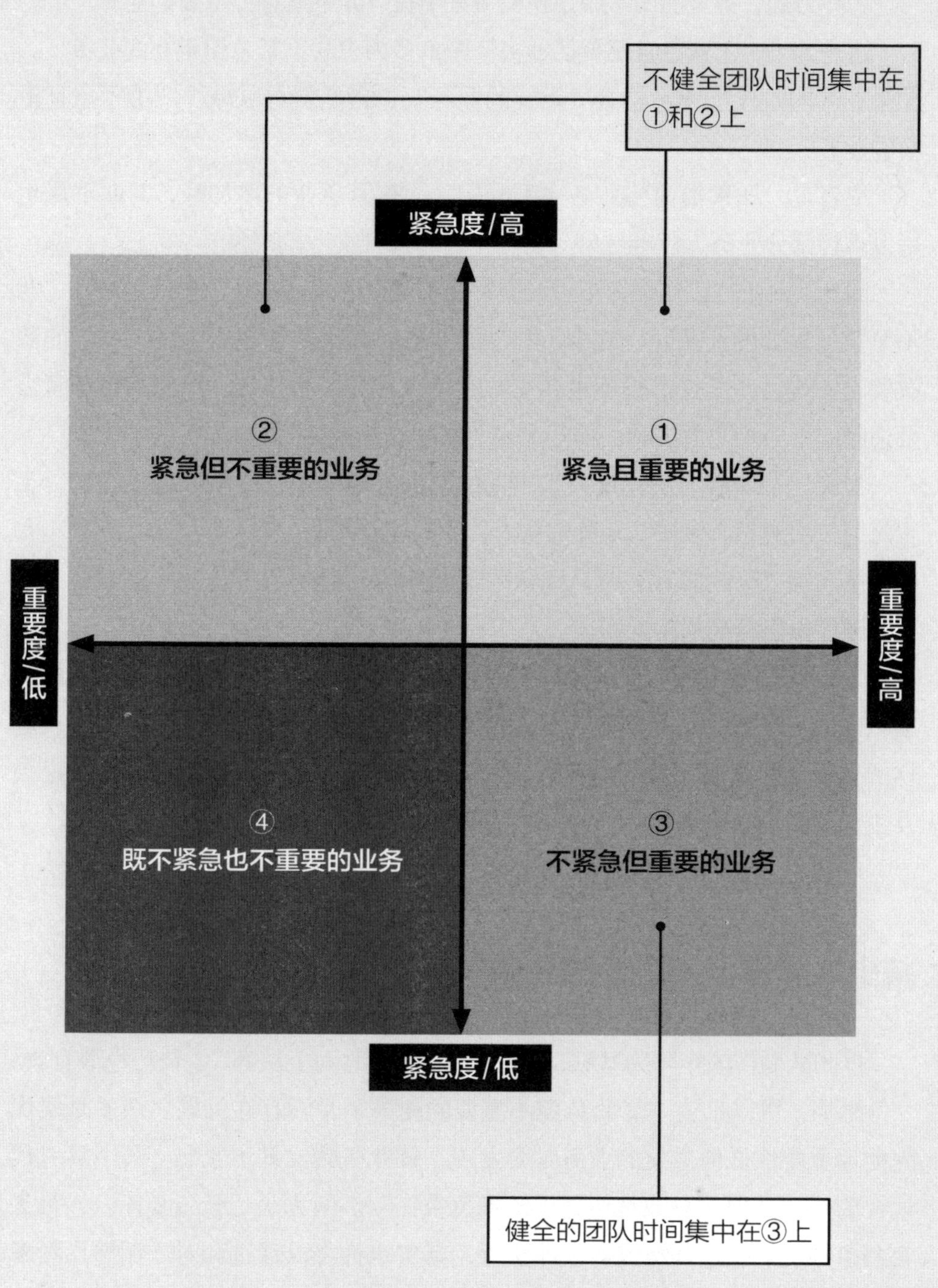

图 21-1 “健全团队”和“不健全团队”的矩阵差异

另一方面，健全的团队中，便笺多集中在“③不紧急但重要的业务”上。

这是因为“①紧急且重要的业务”原本多为“③不紧急但重要的业务”。如果在③的阶段能逐步推进“重要的业务”，自然就可以减少“①紧急且重要的业务”。

或者说，如果提前将业务“手册化”，在紧急业务增加时，其他下属也可以承担部分业务，就能缓解“工作忙得不可开交”的现象。

因此，对于“工作忙得不可开交”的不健全团队而言，需要通过增加“③不紧急但重要的业务”，减少①和②的业务。如果对便笺集中于①和②的情况置之不理，“工作忙得不可开交”的状况只会不断恶化。因此，管理者需要适时向下属表明危机感，呼吁大家“摆脱恶性循环”。

为此，管理者不妨建议大家定期绘制以上矩阵图，尽量以每周一次，至少每月一次的频率来确认矩阵的状态，不断完善团队。

每天写“早晚邮件”时，团队成员要养成一边思考矩阵，一边对业务的优先顺序做出精准判断的习惯。

“是否花了足够多的时间在‘③不紧急但重要的业务’上”“为了确保某项工作的完成时间，其他工作是否得到了妥善处理”……每一个人都拥有这样的意识，并养成记录“早晚邮件”的习惯，矩阵便会不断改善，团队也会发生“质的蜕变”。

减少“紧急但不重要的业务”

以团队制作的矩阵为基础，告诉下属制造“时间上从容”的技巧也很有效。

比如，可以细查“②紧急但不重要的业务”是否存在问题。很多时候优先处理重要性低但紧急的业务时会发现，该业务其实并不紧急。其中具有代表性的是“来自客户或其他部门的紧急委托”。因为是“紧急委托”，员工容易条件反射般地判断应该立即执行，其实也许可以通过和对方调整日程来降低其“紧急性”。若可行，在碎片时间处理便足够，没有必要为了应对这些业务，变更早已安排好的日程，特地创造时间出来。

通过这种对"②紧急但不重要的业务"进行"日期管理"的方式，团队可以不再被时间赶着走，足够从容地解决"③不紧急但重要的业务"。

大胆舍弃工作

另外需要注意的是"④不紧急也不重要的业务"。

这其中一定存在即便舍弃也完全没有问题的业务，很多时候，我们都未曾察觉，而是漫无目的地继续工作，浪费了很多时间。

只是，困难的是下属并没有察觉自己正在处理"④不紧急也不重要的业务"。很多管理者经常会发现，本该属于"④不紧急也不重要的业务"却被归到了其他象限中。

因此，管理者要从4个象限中努力找出原本应归到"④不紧急也不重要的业务"的工作，并**询问下属"这真的是必要的工作吗"**。接着，将这一意识逐渐传达给下属。

介绍一个成功的案例。

我们曾经为某省厅部门提供顾问服务。他们的问题在于，需要制作的资料太多。在召开"改变会议"，商量"工作的初心"之后，下属提出这样的意见："目前的市场和部门刚成立时相比，已经有了天翻地覆的变化，我们的任务和成立时的任务也已截然不同。既然如此，是否可以停止制作和当前任务无关的资料。"

接着，他们确认资料后判断，大部分的资料都已经没有制作必要了，于是决定停止这些资料制作的业务。由此，下属的业务负担自然得到了大幅降低。

持有"这份工作真的有必要吗"的意识很重要。当然，让每个下属自行判断"工作是否需要"很危险，不妨采取鼓励措施，当下属发现可以"消减"的工作，就可以和管理者商量，或在"改变会议"上提出，请大家帮助判断。

"为工作的优先顺序排序""确认工作是否需要"，带着这样的意识，团队致力于"早晚邮件"。不断减少不必要的业务，在"③不紧急但重要的业务"上花足够的时间，让下属养成以上习惯也是管理者重要的工作。

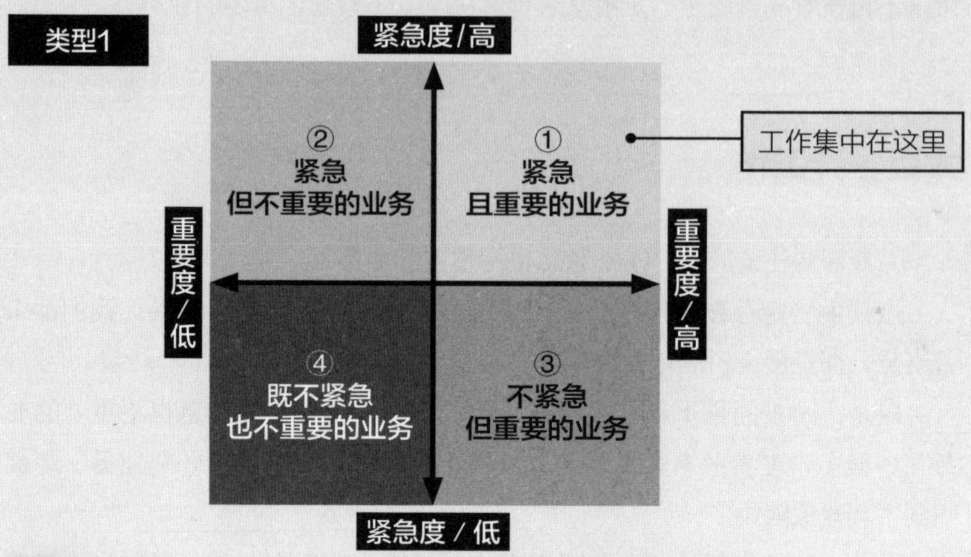

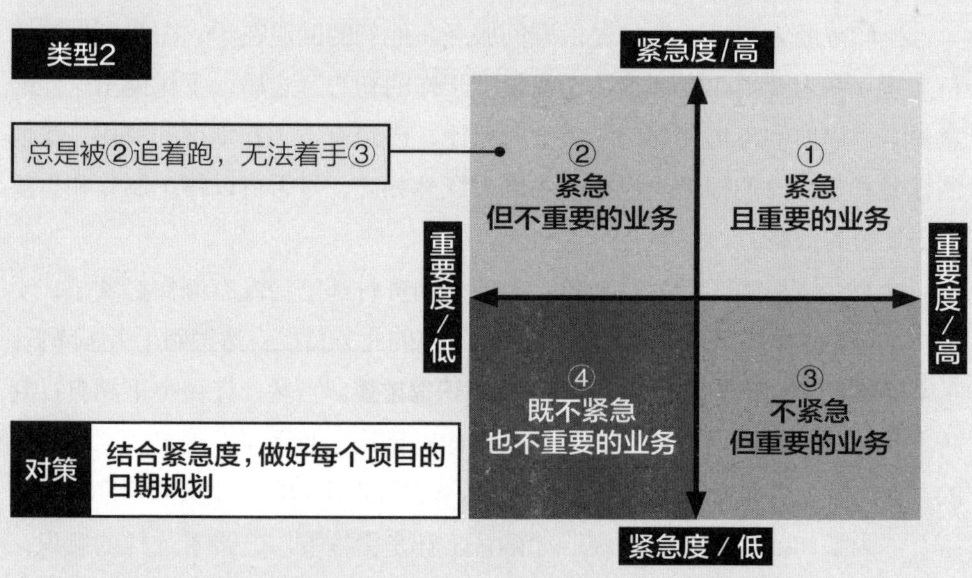

图 21-2 “不擅长排优先顺序”的应对方法

培养排“优先顺序”的能力

如果有下属总是无法熟练地“为工作排优先顺序”，管理者可以创造一对一的沟通机会，将该下属的业务填入“矩阵”，一起思考优先顺序的安排。

听说某个大企业设了一项规则，要求新员工每两周和前辈导师打磨一次“矩阵”，使新员工在短期内能正确为工作排优先顺序。就这样，有了管理者定期和下属进行的“矩阵”打磨，下属便会很快成长起来。

这时希望大家参考图 21-2，此图针对“不擅长排优先顺序”的员工给出了建议。

类型 1 是几乎把所有业务都归到“①紧急且重要的业务”的类型。遇到这种类型的员工，管理者可告诉其将分到“①紧急且重要的业务”的工作再次分配到“矩阵”中。渐渐地，下属会掌握排优先顺序的技巧。

类型 2 是被“②紧急但不重要的业务”缠身，无法着手“③不紧急但重要的业务”的员工类型。这种员工，可能除了②，不经意间还做着“④不紧急也不重要的业务”。为此，管理者应该鼓励其做好“日期管理”，促使其减少②和④的业务。管理者通过询问每项任务的期限，应该能有效地将这一意识传递给下属。

为了让下属掌握“排优先顺序”的技巧，管理者一开始会有些辛苦，不过只要下属成长，团队的绩效便会节节升高。

Point 22

全面提升团队技能

“专人化”中的微妙心理

正如【Point 20】所述，业务的“专人化”是一个大问题。

这是无论如何都必须消除的问题，现实是这件事情相当费劲。实际上，在很多情况下，这是根深蒂固的观念问题。“专人化”的理由之一，就是其他下属不具备负责该业务的资格、技能和经验。然而，我觉得还有另外一个重要的理由。

有时候，这中间还隐藏着人们试图通过“专人化”维持自己在团队中存在感的愿望。换句话说，**这是“如果不‘专人化’，自己的存在意义将受到威胁”的恐惧感在作祟。“专人化”的背后，存在这样微妙的心理。**

有时候，这种微妙的心理会产生前后矛盾的言行。

比如，推进“专人化”的团队常常因“人手不足”郁积不满，即“这么忙，都是不增加人力的管理层的错”。

不过，如果询问“专人化”程度高、业务负担重的下属：“新人来后，你会把手上的什么任务交给他？”也许会得到这样的答复：“这个业务只有我能做，新人做不来。”所以，这不是前后自相矛盾吗？

专注“管理者工作”

在微妙的人类心理背景下产生的“专人化”问题，解决起来绝非易事。

首先需要注意的是，管理者反思自己是否陷入了这样的心理误区。实际上，很多时候正是管理者自己的工作陷入了“专人化”。

特别是，囿于“必须比下属更优秀”的牛角尖思维的管理者，容易陷入为了证明自己优秀的“专人化”模式。请务必反思，自己是否产生了“这份工作只有我能做”的心理活动。

接着，管理者专注于“只有管理者能做”的工作上，通过将“执行者的工作”交办给其他下属，管理者自己先努力从“专人化”的囹圄中挣脱出来。

那么，如何应对陷入“专人化”模式的下属呢？

如果行使管理者权限，也不是不能将业务强行分配给其他下属，可是强制的做法多会招致伤害下属心理安全的结果，最好避免。

正因为下属怀着“不知道自己是否被他人认可”的不安，而使自己的工作“专人化”。因此，虽然看似迂回，管理者持续努力地将心理安全渗透到整个团队，其实是最有效的方法。

在此基础上，如【Point 21】所述，定期通过“改变会议”分享“业务分担矩阵”；再通过全员讨论消除“专人化”的方法，逐渐促进下属改变认知，这不失为一个好办法。

全员“技能”可视化

管理者需要开始准备解决另一个导致“专人化”的原因。

此原因是前文已经提及的“技能不足”问题。即使想要消除“专人化”，其他下属如果不具备足够负责该业务的资格、技能，依然是无计可施。

为了解决这一问题，管理者首先需要把握现状。我们推荐的工具是“技能地图”。

如表 22-1 所示，管理者写出推动团队业务所必备的经验、知识、资格等硬性条件。在此基础上，用“●○ ×”或“分数”标出每位下属的技能。通过制作“技能地图”，将“团队内不足的技能”“消除专人化的必要技能”可视化，**作为制定“下属培养计划”的材料**。

值得一提的是，表 22-1 的箭头表示哪位下属将哪一项技能教授给另一位下属。通过这种“技能地图”来研究下属的组合，我们更容易总结出具体应该采取什么样的行动。

表 22-1 技能地图的示意图

分类	具体技能	下属 A		下属 B		下属 C	
		现在	目标	现在	目标	现在	目标
经验	负责 A 店	○	●	○	●	×	○
	指导新人	●	—	○	●	×	○
知识	有关 B 的案例	○	●	●	—	○	●
	有关 C 的法律	●	—	○	●	○	●
资格	D 认定资格的取得	●	—	×	○	×	○
	资格 E 的取得	×	○	×	○	○	●

●：可以教授他人，知道、取得资格

○：可以独自完成，知道、取得资格

×：（应该掌握）尚不能做到，不知道、未取得资格

使“技能提升”循环运转

最理想的情况是大家一起制作“技能地图”。

在“改变会议”等场合，所有下属一起制作“技能地图”，让每一位下属自我诊断，“这项技能达到了可以教授他人的水平”“正在学习这项技能，可以边问边做”“尚未学习这项技能”等。

接着，大家站在“优化团队内的业务分担”“提升整个团队的实力”的视角，集体讨论“如果自己掌握了这项技能，也许就能减轻 ×× 的业务负担了”“考虑到现在的团队情况，也许可以将我的技能教给 ××”，等等。

之后，管理者和每一位下属进行“一对一沟通”，确认内容的同时确定实现目标的具体举措。并且，通过“改变会议”或“一对一沟通”等场合，定期确认技能提升的达成度，制作新的“技能地图”并进入下一阶段，将“技能提升”循环运转起来。

某个开发商曾经全员制作“技能地图”，设置了“资格取得”的项目，并鼓励下属创造机会学习，以取得相关资格，最后取得资格的人员大幅增加。通过增加仅限持有资格证才能进行某项业务的下属人数，成功降低了公司的“专人化”程度。

对管理者而言，最重要的是掌握每一位下属的技能状况，思考“让谁掌握什么样的技能”更合适。这才能为“提升整个团队的技能”做贡献，消除“专人化”的问题。

Point 23

发掘团队的“问题点”

全员确定“大问题”

持续 2 ~ 4 周的“早晚邮件”后，管理者在一定程度上收集了统计、分析所必需的信息，再通过表 23-1 和图 23-1 所示的方法将整个团队的“工作方式”可视化，在“改变会议”上进行共享。

表 23-1 “早晚邮件”可视化

业务分担	早间邮件		晚间邮件	
	时间	比重	时间	比重
营业	20 小时	20%	10 小时	10%
信息收集	0.5 小时	0.5%	1 小时	1%
资料制作	20 小时	20%	30 小时	30%
数据整理 · 数据库制作	15 小时	15%	20 小时	20%

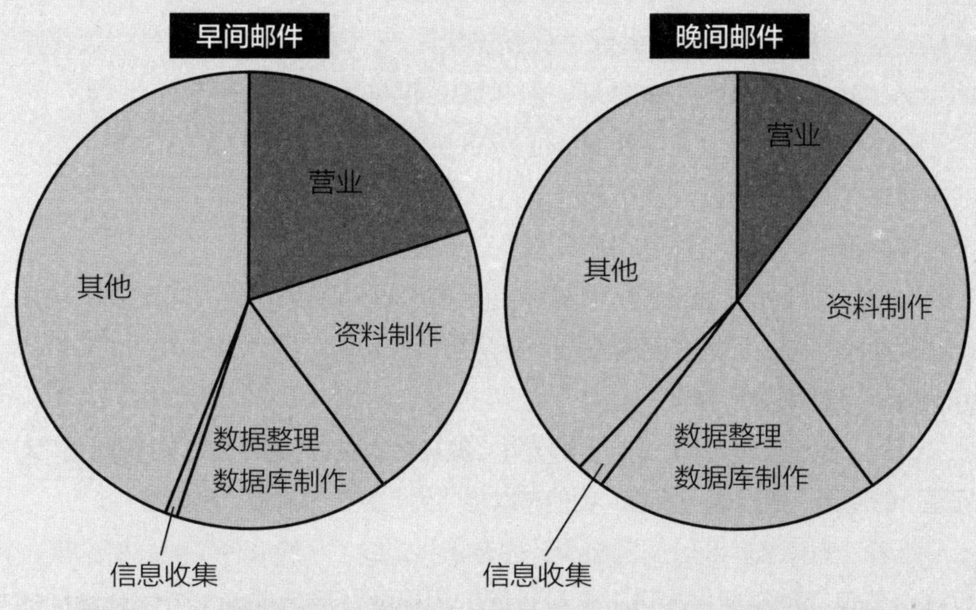

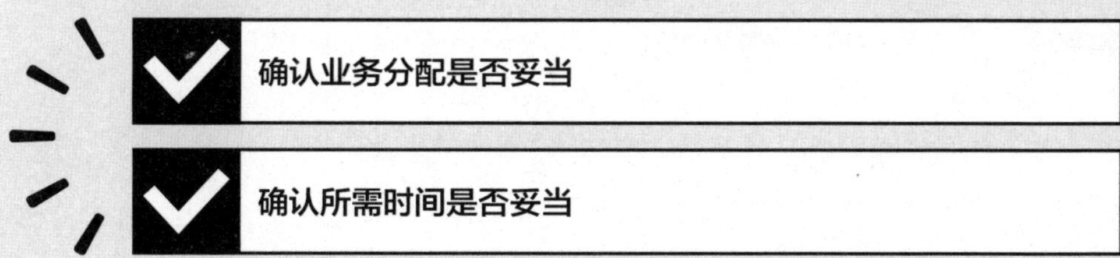

图 23-1　将团队的“工作方式”可视化

接着，团队全员依次讨论并决定“掌握现状”→“发现问题点”→“筛查原因”→“解决对策”，随后团队执行“解决对策”。经一定时间后，再次统计、分析结果，继续执行“掌握现状”→“发现问题点”→“筛查原因”→“执行解决对策”的循环，借此优化团队的“工作方式”。

在这个循环中，正如【Point 5】所示，管理者自己应该通过改变“自己的工作方式”多次体验，在下属尚未适应节奏时，管理者请伸出援手。

再次重申，在这个环节“筛查原因”至关重要。

比如，明明是营业部门，花在营业上的时间却不到 10%，这就很容易找出“营业时间太少”的“问题点”，可是思考“营业时间太少”这一“问题”的具体解决对策却是难事一桩。

因此，需要按照图 23-2 所示的方法，**循环 2 次左右“为什么”，分析产生“大问题”的原因，通过这一流程，我们可以将“大问题”分解成“小问题”。**

带着“为什么营业时间这么少”的意识，观察“早晚邮件”的分析结果，也许会发现“资料制作占用了大量时间”的现象。然后带着“为什么资料制作占用了大量时间”的意识顺藤摸瓜地观察分析结果，也许就会发现“营业资料制作”所占据的时间较多。

如果能将问题细分到这个程度，便可以针对减少下属放在“营业资料”上的时间，探讨具体解决对策。关于“如何能减少分配在营业资料制作上的时间”，管理者可以请所有下属在各自的便笺上写下自己的想法，并进行分组，最终推导出“共享营业资料的模板”“通过会议共享各下属制作资料”等解决对策。

集思广益、挖尽“问题点”

建议通过前述方式，基于“早晚邮件”的分析结果，通过多次“改变会议”的探讨，尽量挖掘更多的“问题点”，并分别推导“解决对策”。记录下所有推导出的“解决对策”，不妨由全员决定执行哪一项“解决对策”。

在这个环节，管理者不过度引导讨论的方向非常重要。特别需要注意的是，管理者容易在这样的场合流露出自己的“领导意识”，忍不住做出“最大的

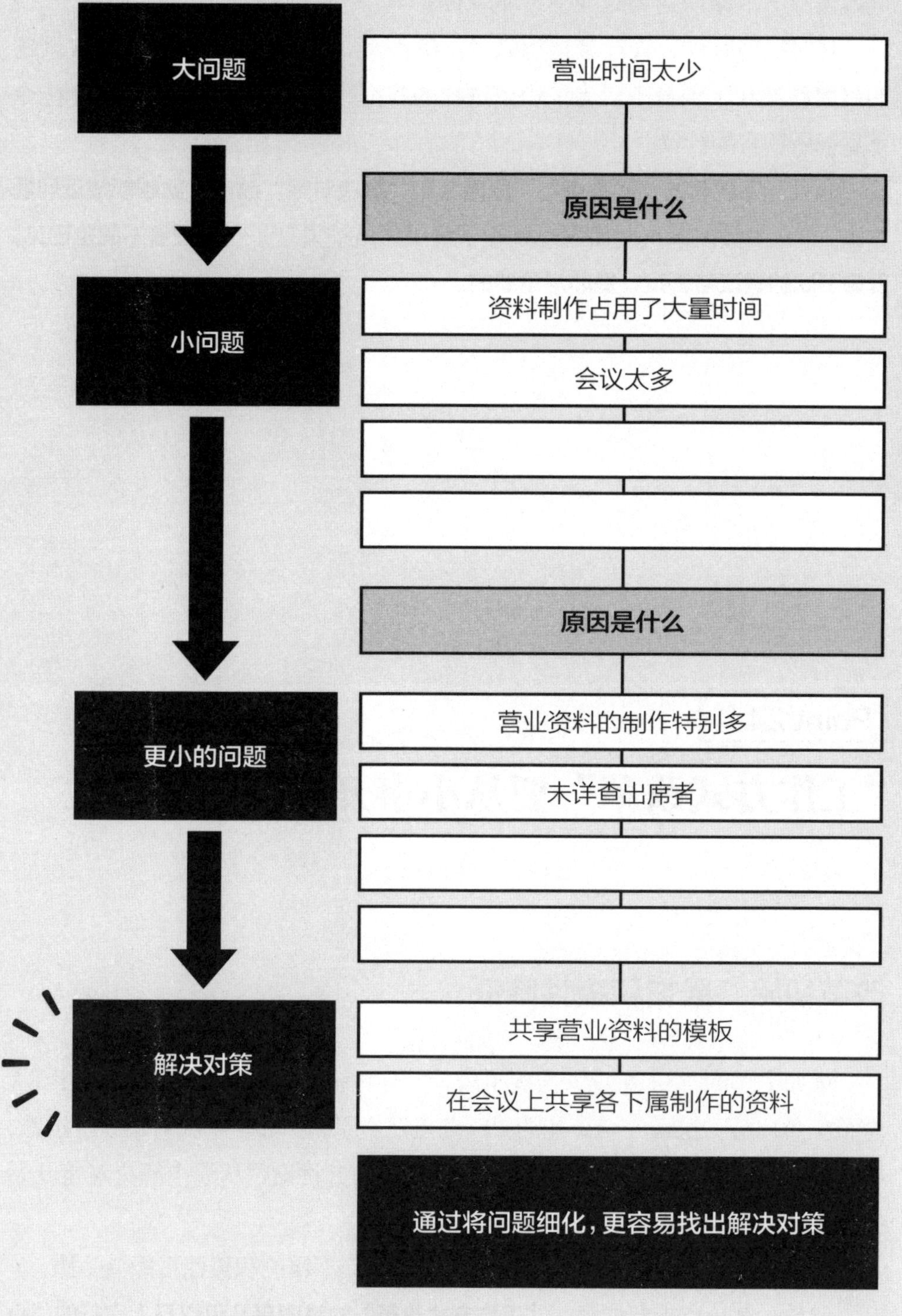

图23-2　通过“原因分析”分解“大问题”

问题是 ××，解决对策是 ××”的决断。

其实很多时候，管理者认为的“正确答案”反而是错误的。能解决问题的答案往往在下属身上。为了引出这样的答案，不妨留心如何组织一个能令下属畅所欲言的会议。

而且，**下属写的“问题点”“原因”和“解决对策”越多，就越能接近问题本源。**“最有效的解决对策”总是在不经意间就被发现了。**管理者不固执己见，尊重下属的建议与答案，是非常重要的。**

Point 24

“工作方式改革”要从小事开始

改革初始，最怕积极性降低

正如【Point 23】所说，实现了统计、分析“早晚邮件”后，建议由团队全员集思广益，挖掘一切可能的“问题点”“原因”和“解决对策”。接着，将这些内容整理成一览表，所有下属在此基础上讨论“从哪个解决对策开始执行更合适”。

如果管理者强势提出“先着手做这个吧”，下属的积极性可能会受挫。

但是，有一点需要注意，**“工作方式改革”的铁则是从可以马上实行的“小事”，也就是“低难度解决对策”着手。**

如果一下子就挑战“大事”，即“高难度解决对策”，很难取得立竿见影的成果。见效慢或效果不明显，下属便**会认为“果然还是无法改变”，导致其积极性受损**。

另一方面，通过解决“小事”而产生“大效果”的案例比比皆是，因为可以马上动手，马上出结果，下属便可以切身体会到“我们发生了改变”。这能够极大地提升“工作方式改革”的积极性，也是改革走向成功的关键。

因此，当下属提出要像“系统导入”一样从“大事”开始着手时，管理者最好不要直接全盘否定，而可以先表示接受，“这也不错”，然后温和地推回去，引导大家从“小事”着手。

比如，管理者可以问：“这个项目预算多少”“要花多长时间”“还有其他解决对策吗，有没有可以马上执行的”“如果可以马上见效，大家的干劲应该会高涨吧”……下属的思维方式就会**从“导入系统就万事解决了”切换到“有没有什么是我们可以快速做到的”上**。

被社会捆绑的“工作方式”

通过解决“小事”实现“大效果”的案例，我遇到过很多。接下来介绍我们为某家审计法人提供顾问服务时发生的故事。

那个团队非常忙碌，特别是工作集中在企业决算期时——每年的 4 ~ 6 月他们会忙到脚不沾地——他们想设法解决这个问题。

但是，一开始团队成员主张的是“如果市场不改变，我们的状况是不会改变的”。他们认为，如果不改变日本企业决算期集中在这 3 个月的情况，自己的工作方式就无法改变。

当然，这种说法有一定的道理，但想改变就不能让思维局限于此。因此，我们建议道：“也许事实确实如此，不过试试从可行的事情开始如何？”大家表示怀疑：“有我们能做到的吗？”不过说完后大家还是开始思考“是否有什么好办法”。紧接着，一件“小事”引发了戏剧性的变化。

意识到这件“小事”是在“改变会议”现场。

在某个项目上，一位下属分析了浪费 3 周时间的案例。当时，该下属正在推进某企业的审计业务，在业务开始1周左右后，他忽然觉得不安：“现在自己正在推进的审计方针是否正确？”于是，他决定找审计专家的高层（合伙人）商谈。可是，那家审计法人有一条不成文的规定：一线审计员要和合伙人商谈时，必须通过邮件预约，然后面对面商谈。

因此，和合伙人商谈需要在发起申请的2周后。而且，如果当场被指责“这个审计方针不行”，就需要从头开始审计。换句话说，组织内的沟通门槛很高，可能会产生3周工作都打水漂的巨大浪费。

“小事”也能产出“大效果”

一听到这话，所有下属都纷纷附和：“我也有这样的经历。”因此，大家和合伙人直接谈判，提议降低沟通门槛，以实现工作的高效化。最后决定，大家工作上的商谈也可以通过短信来进行。

就这样，一线下属难以下判断时，可以马上通过短信与合伙人商量。有时候合伙人太忙，无法及时回复，不过在数小时后可以继续沟通，再也没有出现过几周的工作白忙一场的问题。大家的工作效率大幅提升。

通过这个经验，下属们切身体会到了“小事”产出“大效果”的甜头，不好意思地相视而笑：“原来我们忙碌并不是日本的错啊。”再后来，通过不断积累类似的“小努力”，团队成功提升了绩效。

而且，大家在日常业务中的谈话内容也发生了变化。“都是 ×× 的错，害得我现在无计可施”这类**基于他责思维的发言剧减**，“那么，我们可以做什么呢”“我们想想能做些什么吧”这类**自责思维的话语明显增多**。

用矩阵整理“解决对策”

就这样，从“小事”着手，是加速“工作方式改革”的关键。

当下属接受后，管理者不妨尝试请所有下属将“改变会议”上提出的决策按照图 24-1 的“难度”和“效果”矩阵进行分类。如此一来，“③低难度

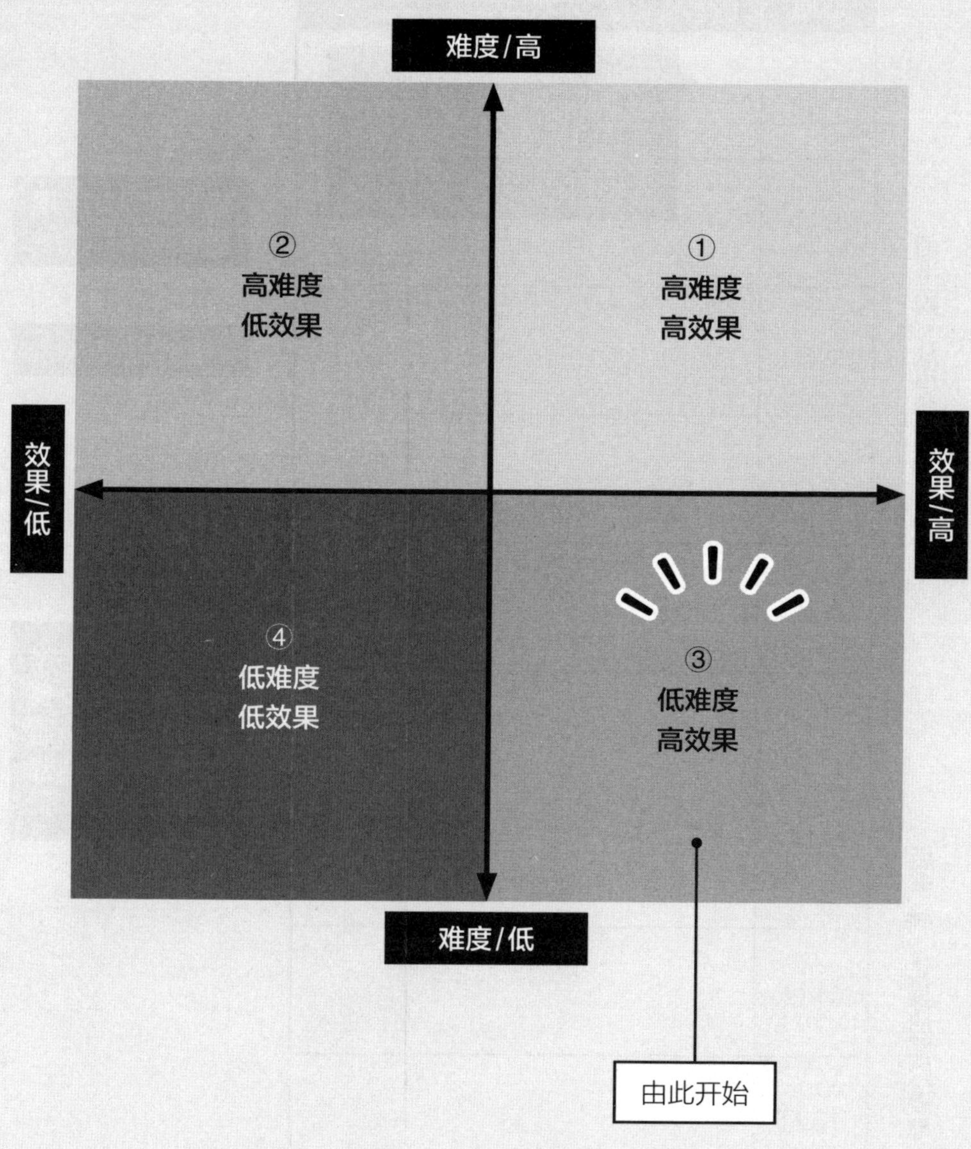

图 24-1 “难度”和“效果”矩阵

表24-1 “工作方式改革”的日程表

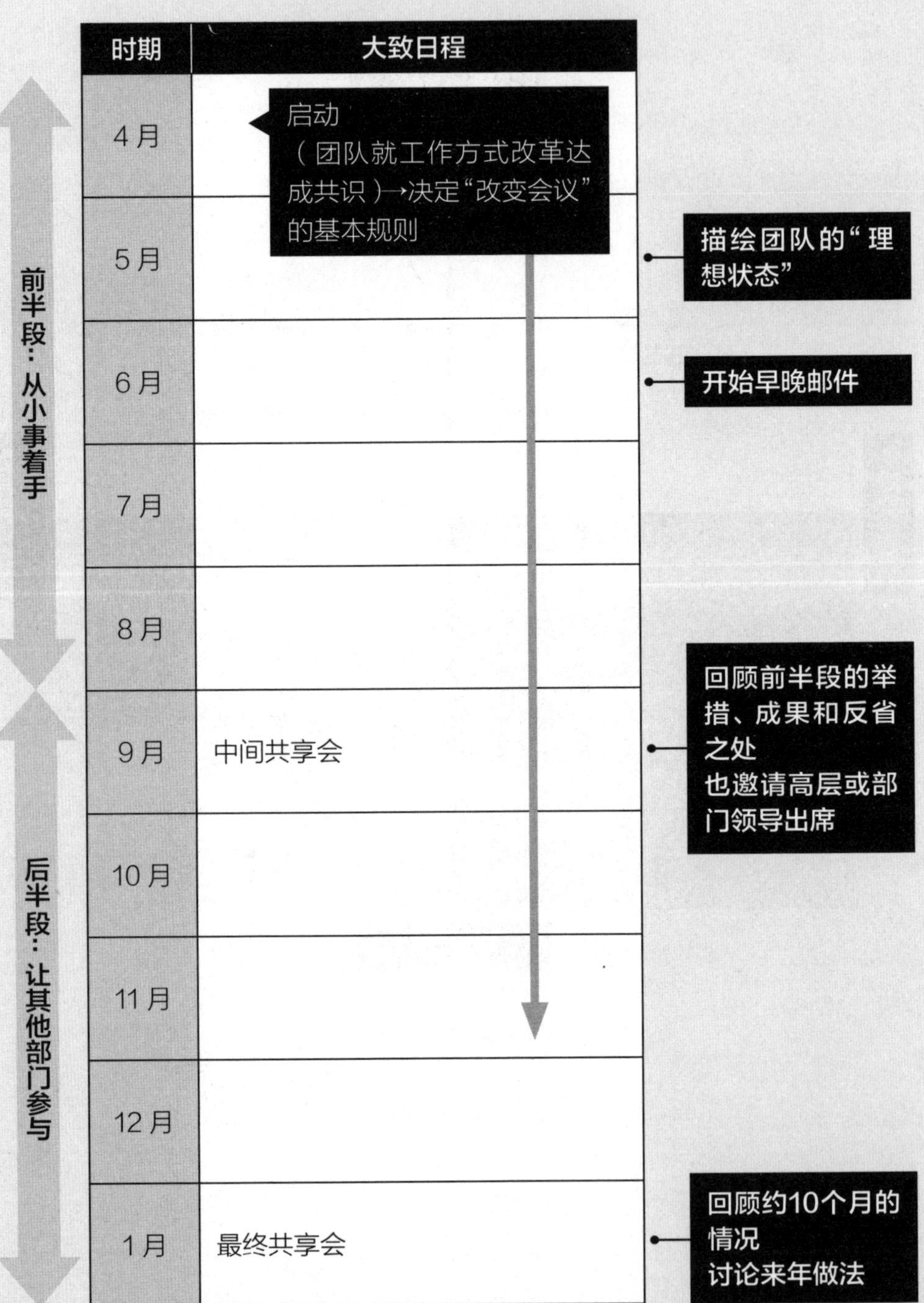

时期	大致日程
4月	启动（团队就工作方式改革达成共识）→决定“改变会议”的基本规则
5月	描绘团队的“理想状态”
6月	开始早晚邮件
7月	
8月	
9月	中间共享会：回顾前半段的举措、成果和反省之处　也邀请高层或部门领导出席
10月	
11月	
12月	
1月	最终共享会：回顾约10个月的情况　讨论来年做法

高效果”的项目便一目了然，从中挑选可最先着手的解决对策即可。

也许，一开始下属无法判断哪个项目是“低难度高效果”的，熟知现场状况的管理者可适时提出建议：“比如，这个解决对策不是可以马上就做吗？”

共享“工作方式改革”路线图

决定团队最先挑战的“解决对策”后，建议管理者抓住时机和下属共享未来“工作方式改革”的大致路线图。事先共享通往终点的“示意图”，下属也会觉得安心。

我们建议采用表 24-1 这样的日程表。

如果新年伊始的 4 月（注：日本的财年为 4 月～次年 3 月）启动“工作方式改革”，则可将接近年底的次年 1 月设为终点。

期间可从“小事”着手，逐渐改变团队的“工作方式”。接着，在半年度，即9月左右召开“中间共享会”。回顾上半年的成果并反思，同时讨论下半年的方针。

在“中间共享会”上，除了直属上司，也应**邀请人事部门或公司高层参加，展示自己实施的“工作方式改革”的详细内容和成果**，同时，如果能在会上得到激励，下属们在下半年冲刺的积极性也会大大提升。

进入下半年后，则应致力请其他部门或合作对象参与完成“大事”。为此，前半段扎扎实实地执行自己可以做到的“小事”很重要。**告诉对方“我们已经将力所能及的事情努力到这个程度了”，是激发其他部门或合作对象合作所不可或缺的条件。**

接着，到了次年 1 月，实施“最终共享会”。在此回顾约 10 个月举措的同时，也将其变成鼓励下属在第二年也继续坚持“工作方式改革”的机会。

当然，“最终共享会”也可邀请人事部或高层领导参加。**如果能让他们产生“既然能产出这样的结果，那不如把‘工作方式改革’推广到其他部门，最好能全公司实施”的想法，那么，次年起，推行“工作方式改革”的难度将会显著降低。**

Point 25

“行动表”带来超级执行力

简单好用的“议事录”

正如【Point 24】所说，“工作方式改革”的铁则是从“小事”开始。从“低难度高效果”的事项着手，尽早积累成果，这将极大地提升团队的积极性。

当然，绝对需要落实的是踏踏实实地执行“小事”。无论多么优秀的计划，不执行便没有意义。

为此，我们建议不仅要做“改变会议”的议事录，还需加一个“行动表”。在“行动表”上，为了执行到位，不妨**明确“什么人，在什么时间节点前，需要做什么”**。在全员贡献建议后，通过“改变会议”进行确认，确保“执行”到位。

议事录不妨使用图 25-1 所示的简单格式，在固定模板里填入每次“改变会议”的内容。填写的内容只有“实施日期”“出席者”“场所”“下次改变会议前执行的事项（行动、负责人、日期）”“下次改变会议的日程和议题”“议事录”。只要抓住以上要点便可，请**不要花太多时间在议事录上**。

此外，通过“改变会议”进行便笺工作时，将分组后的便笺拍照贴到议事录上，记录讨论的概要即可。这样一来，下次“改变会议”既可以马上确认便笺工作的推进方向，也可用于跟进缺席者的行动。

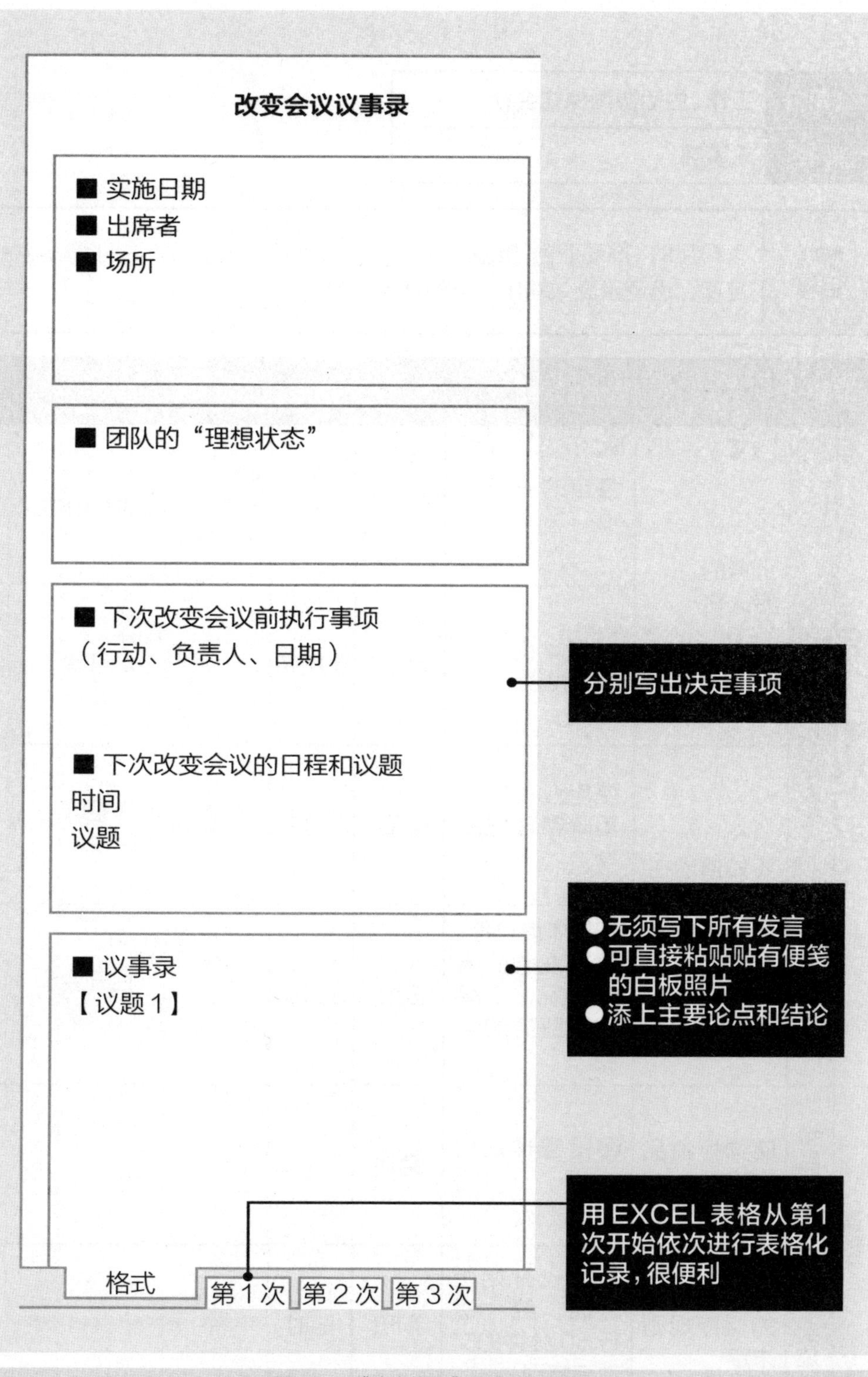

图25-1 “改变会议”的议事录格式

表 25-1　行动表

公司名	工作、生活协同株式会社
部门名	人事部

团队目标	互帮互助，推动业务的结构化，个人技能水平提升，团队内沟通顺畅、自律，迅速且高效输出，全员准点下班

课题		课题（小项目）	行动	承办人	期限	3月	4月	5月	6月	7月
课题①	业务的专人化	业务的专人化	各自的业务分担	田中	4月底	制作木下、近藤的共用格式 →	→			
			制作年度、月度日程表	铃木	6月底			制作山本草案 →	→	
		不知道谁在跟进什么业务，没时间交接	使用业务分类矩阵整理并共享	松田	6月底			制作矩阵 →	→	
			把握年度日程，共享业务的闲忙情况，了解团队业务的全貌	石川	6月初				召开会议 ●	
课题②	物品和信息管理不到位	储物柜物品未整理	设置整理的时间	菊池	5月底			●		
		共享文件夹的保存规则未定	每周一开始上班时，统一进行30分钟的文件夹整理	前田	随时	━━	━━	━━	━━	━━

什么人，在什么时间节点前，需要做什么

接下来介绍“行动表”。

“行动表”用于填写“改变会议”决定的所有行动的“什么人，在什么时间节点前，需要做什么”（表25-1）。

其中，明确“什么人”尤为重要。

如果把“手册制作的承办人员”写成“全员”，就容易导致谁都不制作手册的后果。在这种情况下，不妨将工作细化到可以指定负责人的程度，比如，“木下负责××手册”“近藤负责××手册”“田中确认大家的手册进度并跟进”等。

另外，“在什么时间节点前”这一日期限制也是不可或缺的，但需要注意不要给负责人带来太重的负担。下属完成日常业务都够呛了，如果施加过重的负担，也许会导致其丧失“工作方式改革”兴趣。因此，请在充分掌握承办人员业务状况的基础上，和下属一起决定可行的时间点。

“工作方式改革”取决于执行。希望大家务必制作“行动表”，以提高团队的“执行力”。

Point 26

颠覆会议氛围的“角色卡”

激发下属主体性

召开多次“改变会议”后，管理者也许会产生一种“热情不如预期”的不安。

这时，首先要做的就是再次反思管理者自己的话是否太多。

正如第 2 章所说，如需提升团队的“心理安全”，促进自由发言，管理者的“沉默”是不可或缺的。“工作方式改革”启动之际，管理者必须在一定程度上主导会议，但需要逐渐延长“沉默”时间，将主导权交给下属。

不过，这事出乎意料的难。如果管理者担任“改变会议”的主持人，无论如何发言量都不会少，也容易站在掌控会议的立场。此时，“角色卡”这一工具将大显身手。

准备写有“主持人（引导者）”“响应者（积极稽查员）”“时间管理员（时间管理者）”“离题提醒员（谈话稽查员）”（各自的角色内容参照图 26-1）等会议角色的卡片，在会议开始前请下属抽签，并扮演抽中的角色。

像抽取扑克牌一样抽取背扣着的卡片来决定“角色”，这一点很关键。换言之，担任哪个角色是偶然的。**如果采用管理者指定的形式，难免产生一种“被迫感”**，既然是“偶然”决定的，那就没办法了。**为了承担为会议奉献的角色，所有下属的主体性更容易被激发出来。**

“角色卡”的妙用

令人出乎意料的是，“角色卡”会让现场气氛活跃起来。

主持人

除了读议题，还需要思考时间分配，推动讨论往全员的目标点行进

响应者

为了激活讨论，对发言者做出“点头”“点赞”等反应，鼓励参与

时间管理员

除了通知剩余时间，确认讨论是否充分或过度，修正轨道，以求在适当时间内结束会议

上下监督员

为了避免上下级关系导致的发言困难，需要特别针对上级的发言、态度做出严厉指正

记录员

为了避免讨论在争论中结束，在白板或纸张等全员可见的地方记录、展示讨论的进程

偏题提醒员

在确认讨论目的的基础上，确认讨论是否偏离主旨，是否需要适当干预

图 26-1　激活会议气氛的“角色卡”

这是为某家知名企业提供咨询服务时发生的故事。

平时一副强硬姿态，常常对其他下属的意见发表否定评论的资深管理者抽到了“响应者”的卡片。一开始他很困惑：“诶？我要怎么响应啊？”会议开始后，对年轻员工提出的意见他表示：“有……有道理！”

这和平时判若两人的态度令大家不由得一脸诧异，同时现场的气氛也瞬间活跃起来。后来，他又不断做出积极回应：“哦，说得好！”“对哦，还有这种看法呢！”下属们在他的“穿插喝彩”中受到鼓励，会议的气氛前所未有地热烈起来。那一天，“改变会议”现场的气氛和往日沉闷的会议现场有天壤之别。

于是，管理者发现自己只要做出一丝积极的反应，现场就会热闹起来后，他与下属沟通时的个人风格也发生了巨大的变化。其实越是年长的员工，越不擅长在沟通中袒露情绪，而“角色卡”在剥除平时佩戴的面具上收效巨大。

不仅如此，每次会议都抽一次“角色卡”，每个人都有机会体验所有的“角色”，这会进一步提高下属的主体性。

这是因为，通过体验各种各样的“角色”，大家可以**切身体会到以前管理者运营会议有多辛苦**。于是，除了“改变会议”，在平时的会议上，下属们也会表现出配合会议运营的态度。

发现下属的“意外才能”

有时候，以“角色卡”为契机，管理者可以发现下属的“意外才能”。

某商社的团队在多次使用“角色卡”实施“改变会议”的过程中，发现会议进展顺利的时候一定是女性员工抽中了“主持人”卡片。

其实那家公司录用女性是为了担任事务岗位，综合岗位只有男性。因此，男性担任会议主持人曾经是理所当然的。说句题外话，就我们所见，**在会议推动和引导讨论转向上，女性比男性拥有绝对性的优势。**

平时掌控会议的男性管理者难为情地有感而发：“比我优秀多了……”那一幕令我至今难以忘怀。那一瞬间，主持会议的女性下属满脸光彩，现场气氛也变得热烈起来。我至今还记得，男性管理者也开心地笑了。

在会上发现派遣员工优秀之处的团队亦不在少数。

我们提供咨询服务进驻团队时，请他们邀请从不能出席平时会议的派遣员工、临时工和兼职人员也一起参加“改变会议”。因为如果需要改变“工作方式”，自然是最好把和业务有关的所有人的意见都收纳进去。

当然，一开始派遣员工们都比较客气，不过，抽中“角色卡”后，派遣员工们也不得不担任“主持人”，渐渐地也习惯了和正式员工之间的会议。

而且，在“改变会议”上讨论各种议题的过程中，派遣员工们的优秀见地也逐渐崭露头角，因为派遣员工们有过在多家公司工作的经验，**经常会提出很好的点子**。

比如，针对正因某个课题苦恼的正式员工，他们会提出精准的解决对策：“前一家公司是通过 ×× 方式高效解决的。”对于不怎么了解其他公司情况的正式员工来说，派遣员工可谓是“点子宝库”，他们的闪光点自然会被发现。

这也有助于提高派遣员工的工作积极性。因为得到了正式员工的依赖和尊重，也使正式员工和派遣员工们相互之间加深了对彼此的理解，协作更顺畅，团队的绩效也水涨船高。

“角色卡”就是这样一种隐藏着大能量的工具，请好好利用这个工具，营造出更和睦积极的团队气氛吧！

创意无穷的“点子激荡”

此外，很多管理者即使想请下属在“改变会议”上提出“解决对策”的点子，有时候也总是想不出合适的方案，这时候，“点子激荡”法就派上用场了。

方法很简单。首先准备几张 A4 纸。接着，每一页上分别写上“提高营业资料制作效率的方法”“缩短会议时间的方法”等希望大家献言献策的点子。每个人在A4纸上分别写下3个点子，并传给下一个人。时间可以设为每人2 ~ 5分钟，可以同时传好几张纸。

重要的是，告诉下属无论是多么不起眼的点子都要毫不犹豫地写进去。总之“数量”越多越好。当然，希望可以尽量避免与其他人的点子重复，**非常欢迎提出那些被其他同事激发出来的点子。**

应该说，在看到其他同事的某个小点子的瞬间，脑海中闪过“啊！说起来……”的感觉，这时候产生的点子常常价值不菲，因此我们称之为“点子激荡”。实际上，尝试过就会发现，经常是越进行到后面，点子越精练。

待 A4 纸转了一圈回来后，在所写的点子中选择优秀的内容标上“○”等记号，再传一遍。转了 2 圈之后，大家投票完成的“点子一览”便成型了。为了发散下属的思维，收集崭新的点子是极为有效的方法，请务必一试。

Point 27

高绩效者的“秘诀”

高绩效者 VS 低绩效者

前文已经说明，持续一段时间的“早晚邮件”后，基于统计、分析结果，整个团队推动“工作方式改革”。同时，希望管理者一定要做一件事，那就是比较每一位下属是如何工作的。

如图 27-1 所示，在“营业”“会议”“资料制作”等项目上，将“下属 A”“下属 B”“下属 C”如何使用时间可视化。接着对比高绩效者和低绩效者的工作方式，各种问题便会自然浮出水面。

比如，分析后发现如下状况：“高绩效者下属 A 分配在营业上的时间是 30%”“下属 B 是在营业上分配了 40% 时间的低绩效者”“绩效最低的下属 C 分配在营业上的时间只有 10%”。

由此会发现什么问题呢？

业务分类	下属A（高绩效者）		下属B（低绩效者）		下属C（低绩效者）	
	时间	比重	时间	比重	时间	比重
营业	21.3	30%	30.7	40%	7.0	10%
新客户营业	8.4	12%	10.7	15%	3.1	4%
老客户营业	12.6	18%	20.0	25%	3.9	6%
会议	10.7	15%	14.0	20%	12.6	18%
内部会议	5.6	8%	5.6	8%	5.6	8%
外部会议	5.1	7%	8.4	12%	7.0	10%
资料制作	10.6	15%	8.4	12%	30.7	40%
营业资料	7.0	10%	3.5	5%	21.2	30%
决策资料	1.4	2%	3.5	5%	4.2	6%

分析①

低绩效者下属C
营业时间少，资料制作时间长

对策①

提升下属C的资料制作效率
→增加营业时间

分析②

低绩效者下属B
营业时间多，但资料制作时间短

对策②

提高下属B的资料制作质量
→提高成交率

图27-1　将下属的“时间使用方式”可视化

第一，图 27-1 右端的绩效最低者下属 C 在营业上只花了 10% 的时间，可以推测，提升绩效必须确保一定程度的营业时间。

第二，下属 C 在营业资料制作上花费了 30% 的时间，而下属 A 在营业资料制作上只用了 10% 的时间。如果可以将下属 A 的营业资料制作秘诀传授给下属 C，让下属 C 的营业资料制作在短时间内完成，也许可以大幅增加其用在营业上的时间。

第三，在营业上分配了 40% 时间的下属 B，用在营业资料制作上的时间只有 5% 这一点，也许正是下属 B 停留在低绩效者水平的原因。也就是说，由此可以推测出，下属 B 因为营业资料的精度低，导致其成交率低。

通过对高绩效者和低绩效者的分析，可以建立一个假设：掌握绩效的关键之处在于“确保营业时间”和“提升营业资料的精度”这两点。

在团队内分享“秘诀”

当然，仅由此便草率采取行动是不妥当的，**可以听取下属意见，同时验证这一假设。**

比如，和高绩效者下属 A 进行一对一的沟通，问他如下问题：“为了确保营业时间，下过什么功夫”，“营业资料上下了哪些功夫”“为了高效制作营业资料，花了哪些功夫”，如果得到了与自己假设一致的答案，则可以判断“通过将下属 A 积累的秘诀分享给其他下属，有望提高团队的整体水平”。

接着采取具体行动，将下属 A 的秘诀分享给其他下属。如果下属 A 是为团队贡献意愿度高者，则可以提出“能否在‘改变会议’上向大家分享你的秘诀”，下属 A 一定会爽快答应。

或者在与下属 B 或下属 C 进行工作商谈时，告诉他们“A 是这么做的”，也许他们会产生“想向 A 请教”的想法。这样的话，则向 A 提出“因为 C 很想请教你，能否请你们两位一起负责 ×× 公司的营业活动，对 C 做一个 OJT（On the Job Training，即职业培训）指导呢”，这也不失为一种有效的方法。

通过充分利用“早晚邮件”的统计结果，比较高绩效者和低绩效者的“工作方式”，**并执行提升团队战斗力水平的具体行动**，也是管理者的重要工作。

第5章

大幅提升团队绩效

“工作方式改革”的铁则在于从小事着手，本章将介绍相对简单可行而又能大幅提升绩效的具体策略。

Point 28

从“整理、整顿”开始最佳

消除“1 个月的浪费”

“工作方式改革”是没有正确答案的。

并不存在“只要做了这个，任何团队就一定能提高绩效”的“特效药”。不同职业和工种存在的问题并不相同，团队的人际关系状况也会导致“解决对策”的不同。

重要的是管理者能基于“早晚邮件”的统计结果，和下属开诚布公地讨论，上下一心，引导出针对团队问题的具体“解决对策”。接着验证该“解决对策”的执行结果，再次发现问题，引导出新的“解决对策”。通过傻瓜式地重复这一循环，**可以讨论出一个最适合本团队的“工作方式”**。

不过，从我们为超过 1000 家企业提供咨询服务的经验来看，事实上，**存在一些多数团队普适且公认有效的“解决对策”**。

本章将介绍“解决对策”中常用于“工作方式改革”路线图的前半部分。欢迎各位管理者在自己的团队中尝试。

也许有些人会觉得意外，因为我们首先希望大家尝试的是整理、整顿。

我们迄今为止提供过的各类咨询服务中，最常出现的问题是“寻找资料等物品所花的时间较多”。实际上，有研究结果表明，**“商务人士每年会花费**

150 小时在找东西上”。

假设一天工作 7.5 小时，商务人士实际上每年大概有 20 天时间，除去周末，基本相当于 1 个月的时间，都在“找东西”。

解决这一问题的关键在于整理、整顿，**花上数小时整理、整顿，便可以盈余“大约 1 个月的时间”**，没有理由不接受啊！而且，这是操作简便、任何人都可以做到的“小事”。

正如【Point 24】中所说，“工作方式改革”的铁则在于从“低难度高效果的事项”开始着手。可行的话，改革从门槛最低的整理、整顿开始为佳。

整理、整顿带来的益处不仅在于“减少寻找时间”，如果下属齐心协力完成工作场所的整理、整顿，不仅可以令环境干净整洁，还可以共享成就感。而且，人类有一个特性，对于可以亲眼确认的事项变化感知度更高，**通过整理、整顿改变“眼中的风景”，也会产生“我们可以带来变化”的自信。**

整理、整顿正是“一石三鸟”的行动。

“整理、整顿”改善了沟通

整理、整顿还会带来其他意想不到的好处。

这是为某政府机构提供咨询服务时的故事。

该团队负责与国际问题相关的重要任务，是集中了超优秀官员的团队。我们很紧张，不知道将面临何等复杂的问题。

到了他们的工作现场才发现，我们目之所及全是“资料山”。光线甚至无法穿过文件，即使是白天，办公室也昏暗如夜间。这样的话，“寻找资料”极为费时也可以理解了。这样一个团队，在“改变会议”上首先推导出的解决对策就是整理、整顿。

二话不说，所有人戴上围裙和口罩，开始正式大扫除。堆积如山的资料则雇用兼职学生扫描后电子化。花费一天的时间区分需要的东西和不需要的东西，不需要的东西则直接丢弃。

于是，意料之外的效果产生了：“资深人士的桌子曾经像要塞一样堆满资料，整理后发现，多了一张桌子出来”“‘资料山’收拾后，通道出现了，动线也得到了改善”“课长座位后方堆积的资料搬走后，阳光终于照进了办公室”……而且，“资料山”消失后，还产生了另外一个益处——员工可以即时和坐在对面的团队成员说话，沟通增加了。这样一来，**团队内的合作更为顺畅，工作得以更高效地推进。**

由此可见，整理、整顿是极为有效的改革措施。请大家一定不要心存怀疑地认为“这么简单的事……”请积极动手去做吧，你一定可以得到超乎想象的效果。

让“整理、整顿”变成日常业务

顺便值得一提的是，我们公司在整理、整顿上导入了一个可以在日常业务中持续进行的机制。比如，为每位下属提供文件的保存空间，但宽度仅10 cm。我们规定，只保存可以收纳到这个空间内的文件。

同时，每周都有“个人文件架确认员”确认该空间是否摆放合理。催促收纳空间即将不足的下属“差不多该整理了”，接到通报的下属则实施整理、整顿。

我们还**将整理、整顿定位为必做业务之一**。

公司18点下班，但17：30～17：45是大家的“大扫除时间”。一到“大扫除时间”，在办公室的所有人必定停下手中的工作，一起打扫工作场所。接着，大家在17：45～18：00处理手头残留的工作，18：00整点下班。这个机制确保员工次日可在打扫得干净整洁的工作环境中着手工作。

就这样，将整理、整顿作为每日可执行的机制，效果极佳。虽然也有每周或每个月定期进行团队整理、整顿的方法，但常常会出现整理过程中觉得麻烦，不久之后便回归原样的情况。因此，将整理、整顿定为日常业务之一，便可避免以上状况发生。

Point 29

将会议成本缩减 7/8

改变会议“思路”

会议太占用时间。这是很多团队存在的一个问题。如果“内部会议”“外部会议”都有问题，但从自己可以控制的“内部会议”着手最为妥当。

在这里，可供参考的是知名 IT 企业实践的“会议 1/8 规则”（图 29-1）。它将会议应该解决的问题细分为“会议时间、召开频率”“参会人数”“资料量”三个主题，并将其占用时间分别压缩到原来的“1/2”，于是，花在会议上的时间被控制在“1/2×1/2×1/2”，相当于原来所花时间的 1/8。

比起无头苍蝇似地思考“如何才能让会议效率化”，将问题分解后思考“将会议时间压缩到 1/2 的方法是什么”“将资料量压缩到 1/2 的方法是什么”，更容易帮助我们找到具体的解决对策。

接下来，充分利用“早晚邮件”，就可以更有效地实践“会议 1/8 规则”。统计、分析“早晚邮件”后，可以掌握“什么会议费时”“什么会议资料的制作费时”等现状，可以更精准地推导出细分后问题的解决对策。

那么，在“改变会议”上应该如何探讨呢？接下来我为大家说明流程。

首先，观察“早晚邮件”的分析结果，共享设定为“大项目”的“会议”占据了总工作时间的比例是多少。在此基础上，逐个确认设定为“小目标”的“定

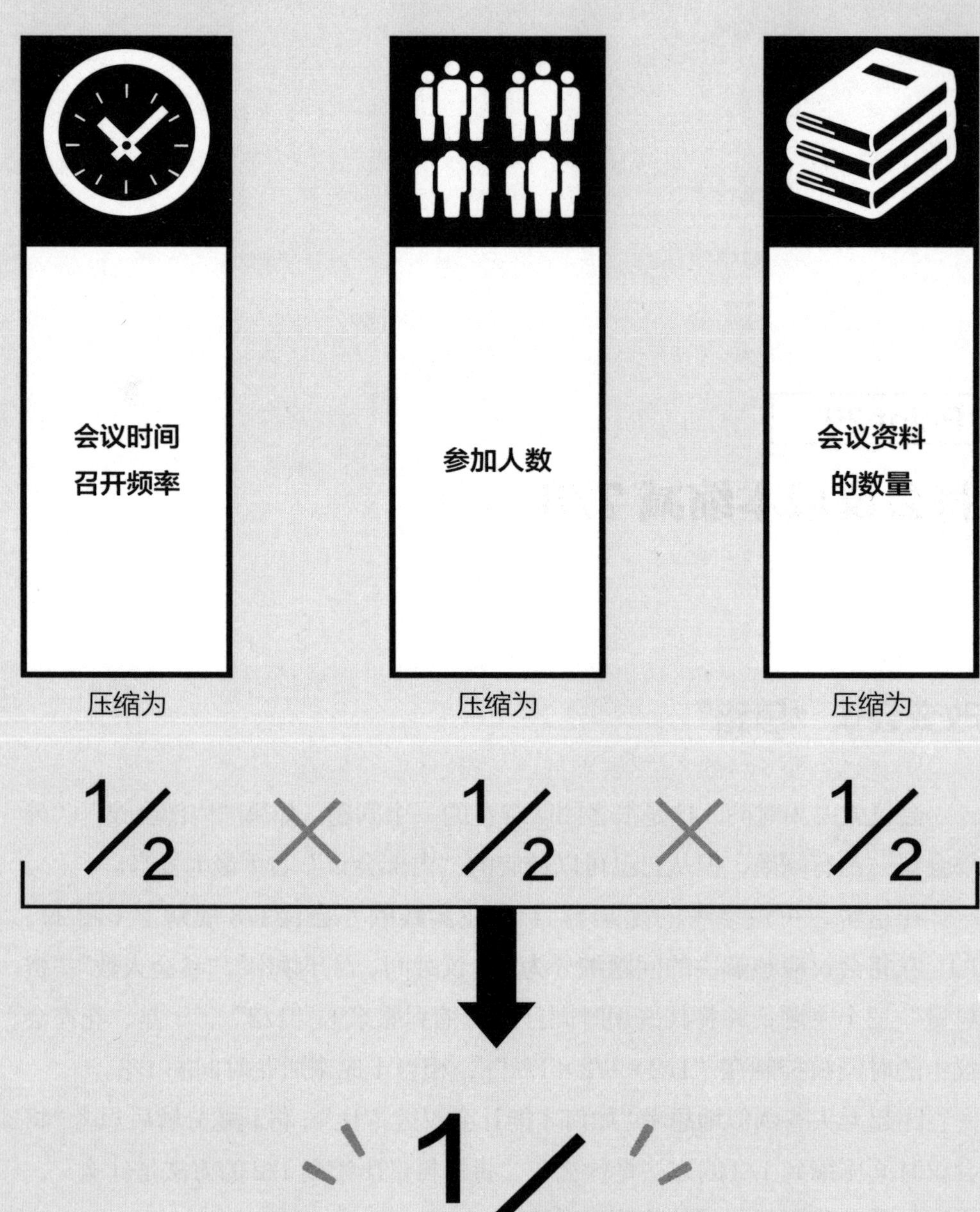

图 29-1 “会议 1/8 规则”示意图

期会议”“报告会议”等分别花了多长时间。

这时需要注意的是，制作“会议资料”的时间也需要加进去。很多时候，**“会议时间”的可视化很简单，隐藏在背后的“会议资料制作”却占用非常多的时间。**

在“早晚邮件”中设立“资料制作”的项目，会议资料制作并不需要太多时间和精力。请务必不要吝啬这点儿时间和精力，要明确花在会议上的所有时间。

接着，管理者收集下属的意见并筛选应该调整的会议；在此基础上，再思考具体的解决对策。

舍弃不必要的“议题”

假设将定期会议选为探讨对象。

团队首先要探讨的是“会议时间、召开频率”。选出“现在是一周一次，能否改为两周一次”“基本上都开1个小时，为什么总是会延长”等疑问之处或问题点。

最有效的是，将召开时间从“每周一次”减少到“每两周一次”，有时候一些会议无论如何都必须每周召开一次，这时的焦点便集中在如何“缩短会议时间”上。

在探讨“缩短会议时间”时，需要关注的是定期会议的议题。“定期会议”的议题应该分为“信息共享”“商谈”“讨论＋决策”等，再逐一斟酌是否有必要。

以“信息共享”会议为例，如果不是特别重要的事项，通过邮件清单等方式和团队成员共享即可，**无须特别花时间召开“定期会议”**。“商谈”也是如此，管理者和相关人员一对一商谈便可解决的事项，也无须作为“定期会议”的议题，为此专门召开一次会议。

为会议设“时间限制”

除此之外，“讨论 + 决策”会议也需详查。其中应该混有无须特意召集全员的“定期会议”，如只需决策者即管理者判断便可的事项，或者几个相关人员之间便可决策的事项。将这些议题从“定期会议”中剔除，便可压缩“会议时间”。

接着，采用**“信息共享 1 分钟”“商谈 3 分钟”“讨论 + 决策 15 分钟”**等限制会议时间的方法也颇有成效。时间管理者预测时间并防止超时，或可实现议事的高效化。

探讨“参会人数”。这里探讨的是“定期会议”，原则上是全员参加。

不过反过来说，也可以推导出前文所述的“几个相关人员之间便可决策的主题不纳入定期会议”规则。由决策者即管理者进行一对一沟通或以项目为单位，弹性召开“少数人会议”，可取代“定期会议”。

或者，如果没有需要全员讨论的重要事项，不妨将“定期会议”改期。重要之处在于，**会议和碰头会原则上只要“需要出现在该场合的人”参加即可。**

彻底简化“会议资料”

最后探讨“资料量”。

如前文所述，这是极为重大的问题。过分讲究的资料制作起来也很花时间，在会议上进行说明也很费时。会议资料可以分为企划书、报告书、议事录等几大类，把制作这些材料的时间加起来可能会发现，所花费的时间令人咂舌。

因此，建议大家将各种会议资料模板化，制作由最低限度的必要信息组成的模板，任何人都可以在短期内准备好高质量的资料（图 29-2）。

如前文所述，团队探讨“会议时间、召开频率”“参加人数”“资料量”，应该可以发现一些需改善之处，只要逐一实践，必定可以将会议时间（以及附带的时间）压缩到原来用时的 1/8。

此外，在“改变会议”上决定团队内所有会议、碰头会的基本规则也是有效手段。

【定期会议 议事录】

【日期】2018年9月5日（周三）14:00~14:30

【出席者】

【议题①】

关于12月20日举办的活动内容

【结论】

去年参加者反馈多为“时间长”，所以提炼内容，简化结构。

【行动内容】

行动：制作活动内容的草案

承办人员：田中

期限：9月12日（周三）定期会议上发表

====以下为议事录====

西川 □□□□□□□□□□□□

林 ○○○○○○○○○○○○

田中 △△△△△△△△△△△△

POINT 1	可分条罗列
POINT 2	在会议上写
POINT 3	会议结束后发送给全员

图29-2 简化“会议资料”

- 严格遵守开始时间和结束时间。
- 须明示会议目标。
- 原则上会议时间为 20 分钟，以 60 分钟为限。
- 原则上禁止将会议延长到下班之后。
- 每个人的发言时间以 3 分钟为限。

只要坚持类似规则，团队内的会议就一定可以实现高效化。

Point 30

通过“专注时间”减少“插队工作”

关注“插队工作”

另一个困扰多数团队的问题就是“插队工作”。

探寻工作未能按照“早晚邮件”规划的日程推进的原因后，很多管理者会发现自己被来自客户或其他部门的业务委托、来自下属的紧急商谈等“插队工作”折腾得团团转。

当然，这类“插队工作”是不可能完全避免的，但有必要改善因此忙得团团转的状况。表 30-1 总结了一些有用的“解决对策”。

其中，可立刻见效的是“专注时间”。

管理者写“早间邮件”时，各自设定“专注时间”，即进行优先度高的工作时间段，该期间内其他下属绝对不打扰；同时，也不接洽来自客户或其

表 30-1 减少“插队工作”的妙招

1 **专注时间**
将特定时间段视同“会议中”，不接受咨询等外在事物干扰。

2 **不要“秒回信息”**
当对方也正在电脑前时，容易出现邮件聊天的现象（紧急情况下用电话对接）。

3 **事前告知**
提前告知作业计划和日程安排，消除对方疑问。

4 **设置可插队时间**
采用和“专注时间”相反的思路，事先决定可以插队的时间段，防止突发的插队现象。

5 **缓冲时间**
事先预设应对插队工作的备用时间，每 15 ~ 30 分钟设置 2 ~ 3 次。

6 **期限交涉**
针对插队工作的应对期限进行交涉，选择“不马上应对”。

7 **委托团队成员**
无须自己亲自应对的事项可委托团队成员进行（需要共享业务）。

8 **统一窗口**
确定承办人员不直接受理公司内外咨询的机制（委托其他部门、配置承办人员）。

周一
周二
周三
周四
周五
9:00
10:00
11:00
12:00
13:00
14:00
15:00
16:00
17:00
18:00
专注时间
专注时间
专注时间
专注时间
专注时间
POINT 1 确定一周的“专注时间”
POINT 2 使用“谷歌日历”等工具
POINT 3 “专注时间”之外的可商谈时间
POINT 4 确定每周“专注时间”的上限（如每周10小时）

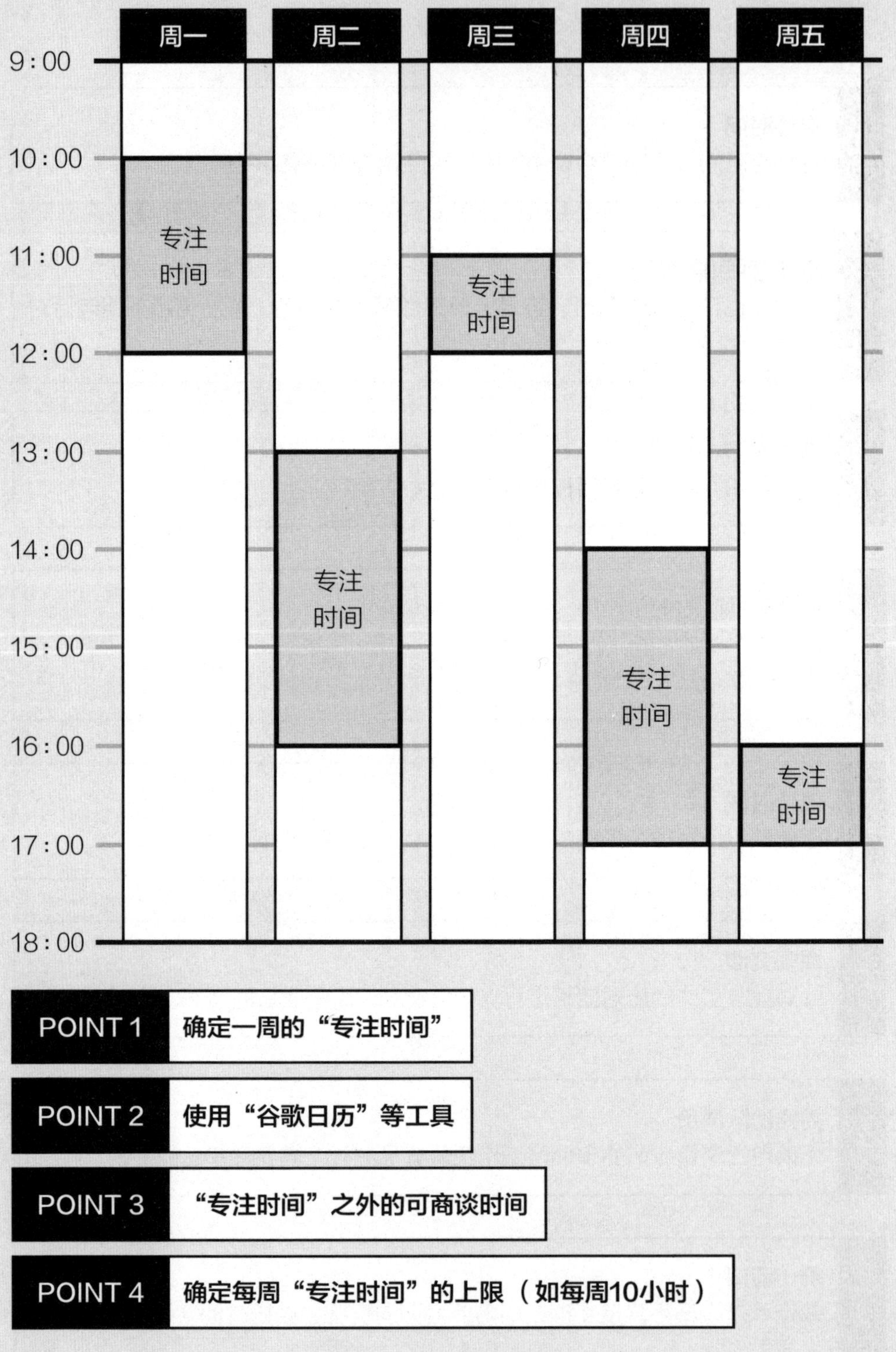

图 30-1 共享“专注时间”

他部门的联络。换言之，要有拒绝所有“插队工作”的决心。

也可以如图 30-1 所示，通过谷歌日历等工具，明确标示一周的“专注时间”，这也非常有效。我特别推荐管理者使用这一方法。以一周为单位明确标示“专注时间”，下属可在其他时间段预约和管理者的碰头会。

重要的是，管理者要和下属共享“专注时间”规则。首先要明确告知下属“专注时间”的规则。比如，管理者可以要求下属必须在“早间邮件”中明确标示，也可以将明确写着“× 时 ~ × 时为专注时间”的纸条贴在办公桌的醒目位置。

此外，在“专注时间”内设置特殊办公场所也颇有成效。管理者可以转移到会议室或其他安静空间，**离开自己的座位，也许可以更专注地工作。**如果公司规定允许，不妨让下属在“专注时间”里在自家办公。

但是，为了避免一直停留在“专注时间”里而几乎不在工作场所露面等弊端，管理者需要提前制定“专注时间每人每周最多 ×× 小时”的规则。

切记提前和大家确认“例外”情况。

虽说“专注时间”的规则在于屏蔽来自客户或其他部门的联络，但若未能及时处理一些紧急信息，可能会引发大麻烦。因此，管理者需要事先告诉团队成员，“如果有来自 ×× 客户的联络，请马上通知我”“如果 ×× 项目出现新情况，请立即通知我”等。

在进入“专注时间”前，通过团队的信息发送终端或邮件清单将特殊情况告知成员——这类规则如有事先规定，便可以预防重要联络被搁置的意外发生。

善用“缓冲时间”

在撰写“早间邮件”时，鼓励下属设置“缓冲时间”也非常有效。“缓冲时间”是指管理者预估会发生“插队工作”而提前预设的“备用时间”。

比如，不要设定“13 ~ 15 点营业（外出）”“15 ~ 16 点制作资料”这种满满当当的行程，而要设成“13 ~ 15 点营业（外出）”“15 ~ 15:30 缓冲时间”“15:30 ~ 16:30 制作资料”等。

工作中的意外总是不期而至，和客户的商谈可能会延时，可能会收到团队成员的紧急求助……即使发生这类“意料之外的事”“临时急活儿”，只要有“缓冲时间”便不至于手忙脚乱，也不容易扰乱一天的行程计划。

就我个人的经验而言，**在一天的行程中预设 2 ~ 3 个 15 ~ 30 分钟的“缓冲时间”较为合适**，可以避免影响其他计划。

此外，请下属执行“期限交涉”也是一个有效的方法。

“插队工作”多来自客户。当然，这类委托必须用心应对，但另一方面，如果因此而忙得团团转，耽误原本计划也不可行。

也许，你们团队中也有下属会频繁地带来“插队工作”，比如：“刚才客户提出要今天之内报价。情况紧急，很抱歉，能否请你确认这份报价单？”

如果这种情况实在太多了，**最好指导该下属执行“期限交涉”**。对客户百依百顺、全盘接受才会导致这样的情况频发。在充分了解客户情况的基础上进行“期限交涉”，常常可以推掉那些不合理的要求。

“期限交涉”中最重要的是**提出双赢建议**。比如：“如果今天提交的话，报价数据只能是估算；如果 ×× 日提交，就可以得出精准的数字，您看您稍等两天可以吗？”这样的提议应该可以得到客户的认可。

如果下属能学会类似的交涉技巧，不仅可以减少下属自己为“插队工作”焦头烂额的情况，管理者也会更轻松。

Point 31

打造互促成长的团队

让员工“互道感谢”

正如前文反复提出，提升团队绩效的关键点在于提高团队成员间的“关系质量”。

为了通过毫无顾虑地互提意见来产生“集团智慧”，为了互相协作、高效地处理业务，管理者最重要的是构建一个令下属早上对上班充满期待的“关系质量”。

具体做法第2章有详细解说，管理者需要时刻提醒自己，沟通时要率先表达“感谢的心情”和“积极反馈”，满足下属的被认可需求。持续这样沟通，可以将其扩散到团队中，逐渐提升下属间的“关系质量”。

不过，出于害羞，不少团队难以缩短相互间的距离，这也是事实。实际上，从我们为众多团队提供顾问服务的经验中发现，他们经常会将“提高沟通的活跃度”作为“改变会议”的课题。

接下来介绍用于提高团队“关系质量”的两个工具：“感谢卡”和“功劳奖”。

“感谢卡”（图31-1），顾名思义就是想向某人表达“感谢的心情”时，可以毫无心理负担地填写的卡片。直接将卡片亲手交给当事人，或者贴到专用的看板上，互相表达“感谢的心情”。

不过，如果管理者只是呼吁下属：“请大家踊跃互赠感谢卡吧！”下属是不会用心执行的，这时就需要巧妙运用“改变会议”。会前5分钟即可，设置一个全员一起填写并互赠卡片的环节。

以上举措非常有效。如果只有一个人做，做的人会觉得不好意思，但所有人一起做就没什么难为情的了。充分利用这样的机会，管理者率先赠给下属“感谢卡”，渐渐地，下属的抵触心理也会减弱。

感谢卡

● Dear：小川

谢谢你！

感谢你总是在我演讲前照顾我！

小川借给我的《即兴演讲术》已经成为我的“圣经”！

你捡起掉落在公司入口处的垃圾时的身影也令我尊敬，我将一直与你同行！

● From：中田

功劳奖状

● 奖项名
（请想一个自己喜欢的名称）

● 对象　　致：

● 来自：　　敬上

● 做了什么大显身手的事情

● 一句话留言

图 31-1 “感谢卡”和“功劳奖状”

我们公司的做法是，管理者每月在会议上代读全员写的“感谢卡”，并亲手交给下属。通过了解其他人向谁送出了什么样的“感谢卡”，管理者每次都有新发现：“那个人工作居然如此努力啊？还真不知道！”

最终下属们的积极情绪便会被调动起来：“只要努力，也许就会被人看在眼里！”于是，无论面对多么不起眼的工作，他们都会积极地进行。

能振奋团队的“功劳奖”

接下来介绍“功劳奖”。

顾名思义，这是慰劳为团队做出贡献的人的奖励。若说“感谢卡”是日常表达谢意的工具，“功劳奖”则是时间跨度更大的表达谢意的工具——每季度或者每隔半年，在“改变会议”等现场，全员表彰有特殊贡献的下属。

我们不提前决定表彰什么，而是在颁奖当天，所有人一起决定奖项的名称。在此基础上，决定“谁是符合各个奖项的人”。这么做的理由在于，“功劳奖”的目的并不在于让下属产生“为了获得 ×× 奖而努力”的意识。

获奖者在没有“得到大家感谢”的意识下，做的事情却得到了表扬，从而会产生**“是吗，原来我这么做对大家很有帮助啊”**，这才是“功劳奖”的意义所在。

而且，**“表彰内容”最好不要过于偏向工作业绩**。理由在于，业绩好的下属通过人事评价等渠道已经得到了公司的认可。

建议把奖励聚焦在“总是使办公室气氛愉快奖”“总是支持其他伙伴奖”这类与“关系质量”相关的内容上，这样有助于从多个维度认可更多的下属。

我们公司每半年举行一次“表彰仪式”。

当天会请所有人填写图 31-1 所示的“功劳奖表”，一张张朗读出来后，全员为自己心目中最优秀奖的获得者投票，然后将当场制作好的奖状授予获奖者。

每次表彰活动都很热闹，下属们也纷纷给予好评。有时候，因为工作失误而失去自信的下属因为意外获奖而重新找回精神抖擞的状态。团队的氛围会变得更加温馨，请大家务必试一试。

引入“三人反馈”机制

通过以上举措使团队的“关系质量”得到提升后，我们即将进入下一轮挑战。

设置**“互相反馈对方的优点和缺点”**的机会——在指出对方“缺点”的同时不得不接受自己的“缺点”，这属于门槛略高的举措，不过为了实现更高层次的“互促成长”目标，这是一项极有意义的挑战。

推荐“三人反馈”机制，做法很简单。

在“改变会议”等场合，每个人都会得到三位同事的反馈，三位同事再分别针对一位同事写下“优点”和“缺点”两张便笺，并像图 31-2 那样粘贴到“优点·缺点表”上。

优点	知识渊博	执行力
	坚持不懈	风度翩翩
	毫无畏惧地向上司提建议	凝聚力很强
缺点	话多	强势
	不听他人意见	不认错
	言辞犀利	倔强

三个人分别在两张便笺上写下“优点”和“缺点”，反馈给当事人

图 31-2　优点·缺点表

选择3人反馈机制的理由在于客观性更强。如果只有一人反馈，容易理解为“个人观点”，不容易有说服力。**如果多个人反馈了同样的问题，当事人的认识便会更强烈**，这或许会成为当事人改变自己言行的契机。

转变“年长的下属”

我为大家介绍一个因为“三人反馈”使下属发生改变的趣事。

这是我们提供顾问服务的旅游代理公司营业团队的故事。团队中有一位非常优秀的资深男下属，遗憾的是，此人一开始就对“工作方式改革”持批评态度，从不出席“改变会议”，对团队决定的行动计划也采取不合作的态度。不过，看到年轻的同事们对“工作方式改革”乐在其中，他又开始在意起来。

有一天，大家邀请他“一起聊聊吧”，他心不甘情不愿（不过实际上又有点开心）地出席了“改变会议”。然而，那一天恰好举行了“三人反馈”活动。

管理者有些不安，“难得来参会了，会不会伤害到他……”不过考虑到除了那位资深男性，团队的“关系质量”极为融洽，于是管理者决定观望，认为“大家应该会给出很好的反馈”。

接着，年轻下属针对资深男下属的“优点”，提出了“业务知识丰富可靠”“毫无畏惧地向上司提意见”等他自己也知道的优点，激发了其骄傲之情，也指出其“说话难听”“话多”等缺点，资深男下属似乎难掩一脸的惊讶，但最终还是接受了。

有趣的还在后头。

资深男下属回家后，和家人说起了大家的反馈，妻子也表示：“哎呀，原来你在家和在公司一样。”这成为“致命的一击”。由于亲密的家人也指出了同样的问题，他开始意识到：“看来公司同事对我的评价是事实。”后来便渐渐修正了自己的言行举止。

实际上，对管理者而言，该资深男下属属于“年长下属”，有资历也有脾气，管理者总是苦恼于不知如何和他相处。

不过，多亏了年轻下属在提升团队“关系质量”的基础上，做出了“三人反馈”，创造了**一个令难以管理的“年长下属”发生改变的契机**。于是，管理者和“年长下属”之间的关系也一举得到改善。

当然，如果“三人反馈”没做好，可能会导致“互相伤害”的结果。请勿忘记，只有“关系质量”有保障的团队才拥有做“三人反馈”的条件。

管理者要主动寻求反馈

此外，请管理者从自身开始体验“三人反馈”。如果管理者能表现出真诚接受自己的“缺点”，努力提升自己的态度，自然可以打造出整个团队一起实施“三人反馈”的环境。

“三人反馈”为我们提供各种发现，不仅会发现自己从未察觉的“缺点”，也会出现自己认为的“缺点”在他人眼中却是“优点”的现象。

只要感受到这一点的下属人数不断增加，团队内的人际关系就会从单纯的“互相认可”上升到“互促成长”。因此，我认为“三人反馈”是打造“最强团队”的“特效药”。

Point 32

消弭日常业务中的浪费

尝试邮件“模板化”

想要彻底“消除工作中的浪费”—— 这是“改变会议”上作为问题出现的高频主题。

如果每天都写“早晚邮件”，总是不得不面对超出时间规划的现实。那么，想“消除浪费”的愿望也会因此变得非常强烈。

为此，我们首先推荐的是团队制作并分享各种模板（文件的雏形）。从邮件到联络函，将一切文案和格式“模板化”，绝对大有裨益。

我们公司的邮件基本都是在调整模板格式的基础上写出来的。有了模板不仅可以大幅缩减打字时间，即使出现承办人员因突发疾病不能到岗等紧急情况，其他同事也可以代为填写发送。此外，从提升团队邮件质量这一点来说，模板的存在也是一个巨大的优势。

此外，如有模板，可以毫无遗漏地记下必要事项，这一优势也至关重要。如果一封封现写，总是容易出现缺漏。结果会导致对方浪费时间询问缺漏部分，**本来一个回合就可以结束的交涉增加到两三个回合，不得不花费大量时间，**而模板在防止这类事态上威力巨大。

学会优化模板

如图 32-1 所示，整理各种邮件模板并保存到共享文件夹中，所有人都可以在必要时使用模板。

比如，运营我司的“工作与生活平衡顾问培养讲座”的部门，需要和学员进行大量的邮件往来。为此，他们将可以使用固定模板的邮件内容“模板

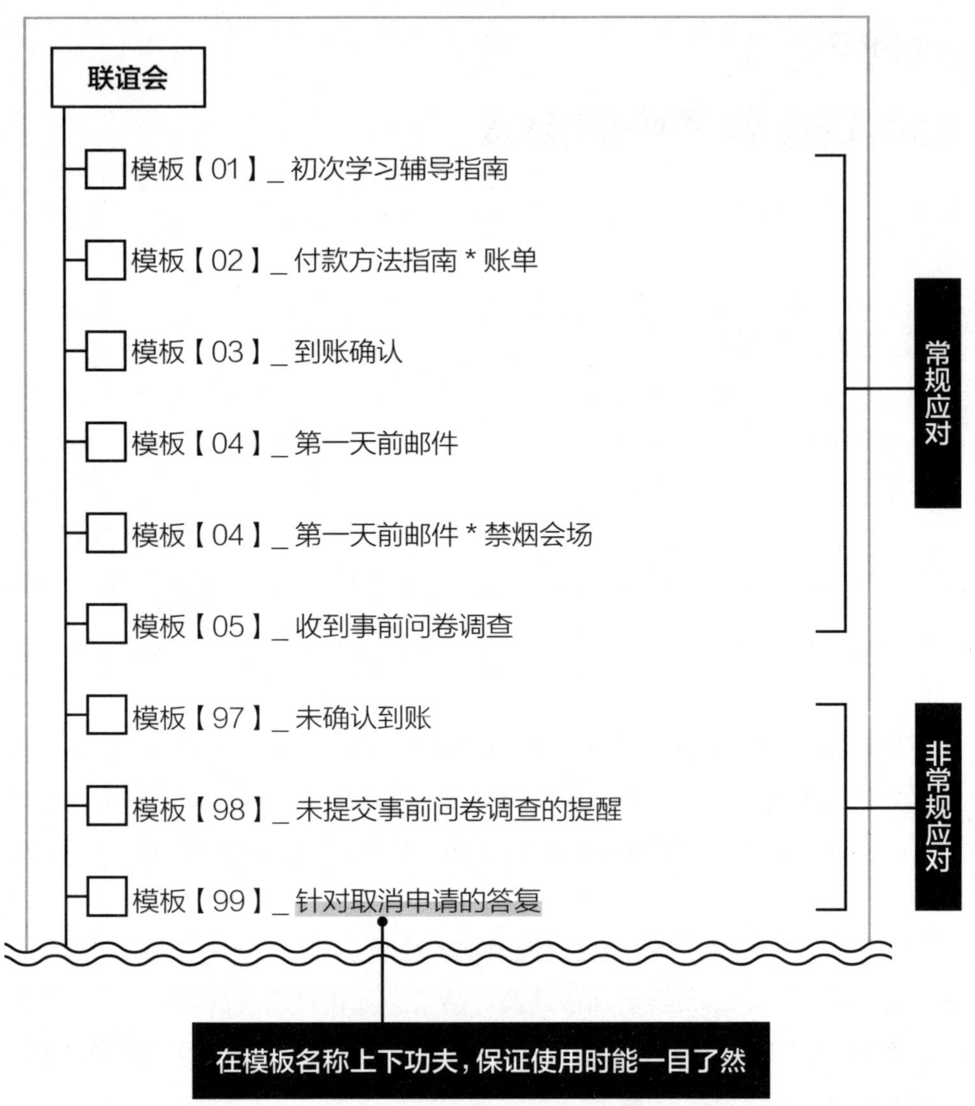

图 32-1 邮件内容模板化的保存方法

化”，保存、积累到共享文件夹中，而下一个使用该模板的员工则通过修正、覆盖来优化模板。

结合各自的业务流程进行编号，如“【01】初次学习辅导指南”“【02】付款方法指南”等。常规邮件内容则采用“【97】未确认到账”等“90号”进行整理，使用起来非常方便。通过文件名就可以看出应该在“什么时间、什么场合中使用”，这样也易于寻找模板、提高效率。

此外，邮件内容的模板可以像图 32-2 所示，灵活运用“★”等醒目的记号，标注“出席的情况”“缺席的情况”等分状况使用的内容。并且，“收件人”“日期”等每份邮件应该单独填写的部分则标注“●”符号，有助于避免出现漏填情况。

●●●●先生 / 女士

屡蒙关照，不胜感激。
我是“工作、生活平衡顾问培养讲座事务局”的●●。

感谢您回复
是否出席联欢会。

★★★★★出席★★★★★
【出席】感谢您百忙之中调整行程出席。

★★★★★缺席★★★★★
【缺席】非常遗憾您的缺席，我方已知悉。
讲座第三天结束后会举办联欢会，
若时间允许，欢迎参加。
★★★★★★★★★★★★★★★

特此发送【付款方式指南】【拍照摄影请求】【预习联络】，请务必一读。

姓名等用●标记，一目了然

标注【出席】和【缺席】的两种情况→★标记一目了然！

图 32-2　邮件内容的模板示例

团队“联络”也要“模板化”

不只对外邮件可以“模板化”，团队内的业务联络也可以“模板化”，这样可以进一步提高效率。

图 32-3 的①是将“营业活动的预约”共享给同行或团队的模板。明确了“营业对象”“所需时间”“开始时间”“对方负责人的部门、姓名、电话号码”“有无事前资料”等信息，只要逐项填写便可，不但速度快，还可消除确认事项的“缺漏”。

并且，一旦当事人临时有事，或请假未到岗时，其他同事也可以马上确认必要事项，立刻跟进。

图 32-3 的②是向其他同事提出“工作委托”的模板。这部分如果出现“缺漏”，被委托人在确认内容时将会非常费劲，有时候可能因为信息不足而无法实施受委托的工作。通过模板化减少“缺漏”，便可以防止以上情况发生。

① 营业活动预约的模板示例

【营业对象】R 公司
【所需时间】13：00 ~ 14：00
【开始时间】12：50
【对方负责人】营业企划部第一部 · 美山 TEL03-5555-××××
【是否和对方约好见面地点】否
【同行者】村园
【同行者约好见面地点】12：30 公司大楼前的涉谷书店中心
【有无事前资料】有 · 谷歌盘 5-33
【填写者 · 填写日】田中 · 7 月 13 日

② 工作委托的模板示例

【委托内容】×× 请确认营业资料
【截止日】× 月 × 日
【资料所在地】办公桌上，附有便笺
【填写者 · 填写日】大岛 · 7 月 16 日

图 32-3 联络事项的模板

容易被忽视的“不紧急但重要的业务”

从邮件内容到业务联络，各种文件都尽量实现模板化，这将带来极为显著的效果。大家平时应该都要处理邮件、业务联络等数量庞大的文件，通过模板化，可以为整个团队带来极为惊人的“消除浪费”效果。

不过，制作模板是一项很不起眼的工作，而且有些费时费力，如果下属因为当下的工作忙得焦头烂额，就需要管理者开动脑筋。

首先，在“改变会议”上，管理者不妨和大家分享问题意识：“我们团队是否存在内容相似，却每次都重新填写的文件？”通过讨论，大家一起决定哪些文件可以制作成模板，并在“行动表”上明确表示“× × 人在 × × 期限内制作 × × 模板”。其次，要为率先实施模板化的下属颁发“感谢卡”或“功劳奖”，表达谢意。

经过完整讨论，团队必然可以全员推进模板化。万事只是开头难，只要模板雏形出来了，后续只需每次做些微调即可，由此**可以一劳永逸地节省大量的时间**。

从这个意义上来看，为模板化而投入的劳力可谓是“投资效率”极高的。这项工作甚至可以认为是【Point 20】中介绍过的“紧急度和重要度矩阵”中具有代表性的“不紧急但重要的业务”。

Point 33

团队业务“手册化”

固定业务要彻底“手册化”

将团队内的业务“手册化”，也可显著提升工作效率。

将固定业务“手册化”后，若该业务发生，即可按照流程顺利应对。既可以减少工作过程中的困惑，也可以避免因弄错步骤而浪费时间。

此外，即使承办人员因突发疾病等不得不休假，其他下属也容易施以援手，甚至当天入职的新人都可以负责业务，有助于避免“业务的专人化”。

“手册化”可以提高团队的绩效，可认为这是和“模板化”有异曲同工之妙的代表性“不紧急但重要的业务”。

当然，也许有人会担心，如果一切“手册化”，下属是否会成为凡事依赖手册的“手册人”，从我们提供顾问服务的客户现场表现来看，事实恰恰相反。

理由在于，通过将固定业务“手册化”，可以大幅缩减以前从零开始思考的时间，不少商务人士利用由此节约出来的时间，**挑战更具有创意的工作**。于是，管理者致力于难度高于以往的课题，带领团队实现飞跃式成长。

此外，简单的东西也可“手册化”。

图 33-1 是我们公司制作的手册之一。

如你所见，大部分是以“工作步骤”为关键词分点列出。当然，必要时会贴上图，但也无须在布局上花时间。为了降低制作门槛，**手册只需简单设计**。

接着，将制作的手册保存在“共享文件夹”中的“公关业务”“活动准备”等按照业务分类的文件夹中。如果在文件夹中统一保存了和该业务相关的邮件等的模板、主要联系方式、相关资料等，大家使用起来将极为便利。

例：总务部的“健康诊断申请”业务手册

（1）确认对象

（2）选择套餐：*40 岁以上人员参照文件 02

男性：预防体检 A

女性：预防体检 A 加选做　追加宫颈癌诊断、乳腺超声波检查

（3）联系诊所

预约电话中心 03- △△△△△△△

告知男女人数，请对方邮件告知可体检的范围

* 尽量在上午，大家比较开心（笑）

基本套餐 · 选做：告知对方全部由公司负担

体检单 · 结果收件人：公司本人

（4）根据收到的可体检范围的邮件安排人员、确定日程

（5）回复对方三条必要信息

· 生日

· 性别

· 健康保险证号

* 如果收到健康保险协会的体检申请书，则提供申请书

（6）收到体检单后，分给相应人员，告知其当天须携带【健康保险证】

分点罗列即可，不在版面上浪费时间

图 33-1　简单的业务手册示例

鼓励新手完善手册

制作手册的要点在于，最好由新接手业务的下属而非熟悉该业务的下属制作。这样才能制作出**“任何人都容易理解的手册”**。

经验丰富者判断“理所当然”无须特意写在手册上的事项，对于尚无经验者（继任者）而言，常常是一头雾水。向前任者确认“为什么”后写成文字版的手册，会比前任者制作的内容更为清晰易懂。

某家企业为了确认使用完成的手册业务是否能顺利推进，采用了“手册休假”的制度——完成手册的人可以休假 4 天，如果加上周末，则连休 6 天。手册只有在大家都看得懂的情况下才有意义，所以在制作者“手册休假”期间，其他下属使用手册推进业务，验证该手册“是否简单好用”。

制作者在“手册休假”结束后上班时，收到手册实际使用者“这里很难懂”“这样的话就无法对应了”等反馈后，对手册进行修正，打磨成一份“实用手册”。

并且，这家企业还规定所有下属有义务每年休一次“手册休假”。

在日常业务中，管理者总是会为“眼下的工作”忙得焦头烂额，倾向于将属于“紧急但不重要的业务”的“手册化”一拖再拖。不过，如果将“手册休假”设为义务，下属就不得不全力以赴地致力于手册制作了；并且配上“休假”这一激励措施，这也成为下属们主动推进“手册化”的动力，是推进“手册化”过程中极为有效的方法。

Point 34

用自发“学习会”提升团队能力

通过“学习会”强化团队协作

在一定程度上，推进“工作方式改革”的团队会呈现出一个共同点——召开“学习会”的团队会越来越多。

推行“模板化”和“手册化”后，下属们开始互相共享业务知识。于是，团队中出现各种声音：“想更详细地了解 ×× 的知识和经验”“如果大家共享知识，可以打造出一个能产出更高成果的团队”……因此不少团队开始自发组织“学习会”。

某家时装店通过这种“学习会”收获了巨大的成果。

原本，那家店的日课是早晨上班所有人一起扫除，在“改变会议”上多次讨论后，一位下属提出疑问：“在一天中头脑最清醒的时间段应该做的事情真的是扫除吗？”

听到这句话，另一位下属提出了自己的建议：“对！我觉得自己在结合季节和天气为客人提供服装建议上的能力很弱。我一直想进一步向前辈们学习，提升能力。在一天工作的开始，即使只有很短的时间也没关系，我想开一个‘学习会’，请教前辈，如果是今天这样的天气和手边的产品，前辈们会如何给客户提建议呢？”

因此，团队决定将以往用于扫除的时间，变为全体成员的“学习会”，大家在会上互相分享专业知识，原本的扫除则放在“碎片时间”，大家勤快地做好即可。

于是，管理者（店长）为了支持自发举办“学习会”的下属，每天早上给大家送饭团慰劳。有了管理者的支持，下属们兴致勃勃地持续举办“学习会”。结果，年资尚浅的下属的接待质量提高了，顾客的满意度和团队工作效率也得到了提升，店铺的销售额也节节攀升。

就这样，通过“学习会”分享各自的业务知识，可以在员工中传递无法完全变成手册的干货。而且，通过采取互相学习的方式，下属间的“关系质量”也大大改善，我们称之为**强化团队合作的“最强方法”也不为过**。

鼓励下属“当老师”

如果能像前文提到的时装店那样自发组织“学习会”自然是最理想的，但也有些团队推进得不那么顺利。

这时，该派上用场的就是【Point 22】介绍的“技能地图”。

比如，在和“想要掌握 EXCEL 技能的下属 A”进行一对一沟通的时候，不妨建议请“精通 EXCEL 的下属 B”担任讲师，举办一场“学习会”。被委以“讲师”之职的下属 B 应该不会不乐意，如果能让其他下属也参与进来，“学习会”的时机可能就已经成熟了。

为了切实落实，管理者需要在平时就充实“技能地图”，了解每一位下属“掌握了什么样的技能”“想要掌握什么样的技能”。

如果下属提出“关于这个主题，想请教领导”时，管理者要如何应对？当然，管理者自己担任讲师没有问题，不过最好尽量**把讲师的角色交给其他下属，制造他们“大显身手的机会”**。

在某家保险公司，被下属请求“能否请教资格证的事”时，管理者指派了在该资格方面能力仅次于自己的下属担任讲师。

“实际上，那位下属正在为了取得该资格而努力学习，所以才特意指派他去做讲师。”管理者后来如此解释。

也就是说，为了将专业的内容教授给初学者，作为讲师的员工需要更深入地理解资格的内容。实际上，该下属是在一边向管理者确认疑问点，一边制作出初学者也容易理解的讲义 PPT 的。

结果，那场“学习会”获得了圆满成功，提高了不少下属取得资格的积极性。而且，顺利“大显身手”的讲师下属，不仅增强了自信，也更积极地开始学习，当年一次性通过了资格考试。

“学习会”的目的不仅在于单纯地共享知识和经验。通过让下属担任“讲师角色”，为他们提供成长的机会。希望管理者能有这样的意识，灵活运用“学习会”，带领团队不断前进。

Point 35

显著提高效率的“多人负责制”

“一人负责制”的风险

“专人化”会降低团队的绩效，这是我们多次指出的问题。

若要消除“专人化”，如【Point 22】等所述，需要提升团队的“心理安全”，努力填补下属间的技能差距。持续努力一段时间后，请务必尝试一个动作，那就是“多人负责制”。

如图35-1所示，“多人负责制”是从现代多数企业采用的“一项业务一人负责制”切换为一项业务配备主承办人员和副承办人员两人的“一项业务多人负责制”。

“一人负责制”的信息集中在承办人员身上，责任也可一元化，乍一看似乎效率很高，但事实绝非如此，实际上，这种制度会为团队的绩效带来巨大的不利。

理由在于，“一人负责制”容易导致“专人化”，阻碍团队内的合作，结果便是不仅降低业务效率，同时也会在承办人员紧急休假等情况下，工作便无法推进。

图 35-1 从“一人负责制”到“多人负责制”

若切换为“多人负责制”，通过两人共享信息、通力合作，不仅可以高效推进业务，而且无论何人临时休假，业务都不会中断，可以将“专人化”的业务改造为随时可以跟进的体制。

也许有人会产生疑问：“为此需要将人手翻倍吗？”当然没有这个必要，可以将一个人安排到多个项目，比如，“项目①的副承办人员同时担任项目②的主承办人员”，一样可以在保持现有人力不变的前提下实现“多人负责制”。

也许有人会担心改为“多人负责制”后，“责任边界是否会变得模糊”，我认为这也是多虑了。

就责任问题而言，反而是“一人负责制”的风险更高。理由在于，“一人负责制”的情况下，只要承办人员不向上司汇报，信息就不会浮出水面。也就是说，**一旦发生来自客户的抱怨等对承办人员不利的情况，当事人是可做出对其置之不理**的“不负责任应对”反应，结果当然是失误和不正当行为发生的风险随之增大。

相反，如果是“多人负责制”，则可以互相确认对方的工作情况，“对不利的事情置之不理”便难以操作，“负责任的应对”也会相应增加。

与其用“一人负责制”明确发生事故时的责任所在，不如通过“多人负责制”，构建一个从源头起便不容易发生失误或不正当行为的体制，从而打造一个健全的组织或团队。

“多人负责制”改善团队关系

我接下来为大家介绍一个受益于“多人负责制”的隶属于某食品生产商营业团队的故事。

该团队原来采用的是为大客户商超每个系列产品都配备一名工作人员的负责制，后来在“改变会议”上，有人指出这种系统导致了低效率问题。

原因我们已经在前文说过，单一负责人虽然可以和客户进行密切沟通，但同时也导致了“专人化”程度越来越重，且效率也变得极为低下。

一家商超的店铺星星点点地分布在广泛的区域内，如果想要一个人转遍

分系列负责制

负责X公司

下属A

世田谷区店 千代田区店

杉并区店

负责Y公司

下属B

世田谷区店 千代田区店

杉并区店

负责Z公司

下属C

世田谷区店 千代田区店

杉并区店

→

分地区负责制 多人负责制

负责世田谷区

下属A

下属B

X公司世田谷区店 Y公司世田谷区店

Z公司世田谷区店

负责千代田区

下属B

下属C

X公司千代田区店 Y公司千代田区店

Z公司千代田区店

负责杉并区

下属C

下属A

X公司杉并区店 Y公司杉并区店

Z公司杉并区店

POINT 1	通过“分地区负责制”削减通勤时间
POINT 2	通过“多人负责制”增加沟通机会→可更好地推广成功案例

图35-2 “分地区负责制”+“多人负责制”

所有店铺，花费的时间精力会相当可观。而且，设在同地区的其他商超的系列店铺则由其他承办人员上门拜访。站在整个团队的角度来看，产生了非常多的浪费。

因此，如图 35-2 所示，该团队将“分系列负责制”改成“分地区负责制”的同时，也导入了“多人负责制”。如前文所述，下属的人数不变，每位下属都兼任多个地区的“主承办人员”和“副承办人员”。

每个人负责的地区增加后，下属的负担也会随之加重，可实践后发现，事实恰恰相反。**通勤时间大幅缩减，“主承办人员”和“副承办人员”之间的沟通大幅增加**，这一改变产生了显著的效果。

比如，某地区的“主承办人员”下属 A 向“副承办人员”下属 B 分享了成功案例后，下属 B 将其推广到自己担任“主承办人员”的其他地区，最后获得很好的效果。这样的案例不断增加，最后整个团队的销售额大幅提升。

而且，下属各司其职时，有时候会陷入和其他下属竞争的不良竞争关系中，改成“多人负责制”后，团队内的合作关系便水到渠成了。结果，大家在思考“如何提高团队的成果”的同时，团队“关系质量”也得到了显著改善。

希望大家能从力所能及的事项开始，导入“多人负责制”。

Point 36

设定“每周不加班日”

“不加班日”为什么难落地

不少企业把“不加班日”作为“工作方式改革”的一环进行推广，遗憾的是，似乎成效不佳。

据我观察，很多企业只把每周的某一天设成“不加班日”，也许这就是原因所在。

因为如果一周只有一天不加班，大家便可以在那一天的前后增加加班时间，来完成“不加班日”遗留的工作。这样一来，准点下班的日子一周只有一次，大家的**“工作方式”实质上完全未变**。

因此，在我看来，想要从根本上调整“工作方式”，**每周至少需要设置两天以上的“不加班日”**。如果每周有超过两天的“不加班日”，大家不从根本上改变“工作方式”，是无法做到的。

让员工自由制定“不加班日”

由公司单方面指定星期几为“不加班日”也是一个问题。理由在于，每位下属想准点下班的日子并不相同。也许有下属觉得“打算开始学习英语口语。可以的话，希望参加符合自己水平的周二和周五的课”，另一位下属可能觉得“我想在周一和周四准点下班，参加料理培训班和瑜伽培训班”。

因此，结合个人动机来决定星期几作为“不加班日”，下属才会兴致高昂地接受，才能激发他们努力改变“自己工作方式”的热情。

我的建议是，为不同的下属分别设定不同的“不加班日”（图36-1）——也许说成“轮流制无加班日”更符合实际情况。

POINT 1	**集体“不加班”不太可行，轮流“不加班”才能循序渐进**
POINT 2	**逐渐增加“不加班日”的数量**

图 36-1 每周不加班日

具体的操作步骤如下。

导入【Point 35】介绍的“多人负责制”。这样就可以实现“主承办人员”准点下班时，“副承办人员”全力补上；“副承办人员”准点下班时，“主承办人员”全力补上的团队协作模式。

而且，如果“副承办人员”能整理好业务手册则更令人安心。即使“主承办人员”和“副承办人员”都准点下班，其他下属也可以支援他们“遗留的工作”。

以此为基础，在“改变会议”上全员就挑战“每周不加班日”达成共识，实行“先尝试一个月”这类方案就挺好。

取得大家的共识后，全员分别就“想在周几准点下班”的问题，在便笺上写下自己的答案，再贴到事先写好日期的A4纸上，便可以轻松整理全员信息。接着，经过一番调整，就可确定谁在周几准点下班。

做一名带头“不加班”的管理者

启动“每周不加班日”后，如果管理者发现自己在“准点下班日”那天工作可能做不完，需要立即把工作交接给其他下属，务必确保准点下班。同时，不妨指定一位专门确认执行情况的“每周不加班日”志愿者，记录大家的执行状况和问题等信息。

几周后，团队在“改变会议”上共享执行情况和问题。一边解决“这项业务的手册很难懂”“对于‘只有自己能做的工作’和‘可以委托给他人的工作’我搞不清楚”等问题，一边使“每周不加班日”在全员心中扎根。先从每周两天开始实施，**最理想的是将准点下班的天数逐渐增加到每周三天**。

此外，如果管理者不带头准点下班，则难以令“每周不加班日”计划获得成功。

明明是“不加班日”，管理者却留下来加班，下属们会怎么想呢？他们也许会扫兴地觉得：“原来领导不是认真的”，也许会内心不安：“领导还在加班，就我自己信以为真地准点下班了，没准我绩效考评的分数会很低啊……”

所以，**管理者必须带头准时下班**。刚开始，眼角的余光瞄到下属还在加班，可能会产生一种类似“罪恶感”的心理，不过正是这种意识导致了下属的长时间工作。

Point 37

“迷你多米诺人事”带来的下属成长

鼓励下属“向上挑战”

接下来，我想为大家介绍另一个消除“专人化”的方法。

那就是“迷你多米诺人事”。这是因户外用品生产商巴塔哥尼亚的实践而闻名的人事制度——“多米诺人事”的缩小版，故名“迷你多米诺人事”。

巴塔哥尼亚的“多米诺人事”是一种人事制度，众多下属就像多米诺骨牌一样，限期挑战高一层级的业务。

比如，当管理者长期休假时，从下一层级中挑选有能力的申请者，在同等待遇的情况下负责管理者的业务，并将该下属的业务摊到更下一级的下属身上。由此，不仅消除了“专人化”，同时也可以培养下级团队成员。

不过现状是日本导入这种“多米诺人事”的企业并不多。因此我们建议，在管理者的权限范围内，在团队中实践“迷你多米诺人事”。如图 37-1 所示，将“职位”替换为“年资”，执行“多米诺人事”制度。

比如，当入职 8 年的下属休产假时，由入职 6 年的下属接替她的工作；而入职 6 年的下属的工作则由入职 3 年的下属接替……让下属们通过这种限定期限的方式挑战前辈的工作。

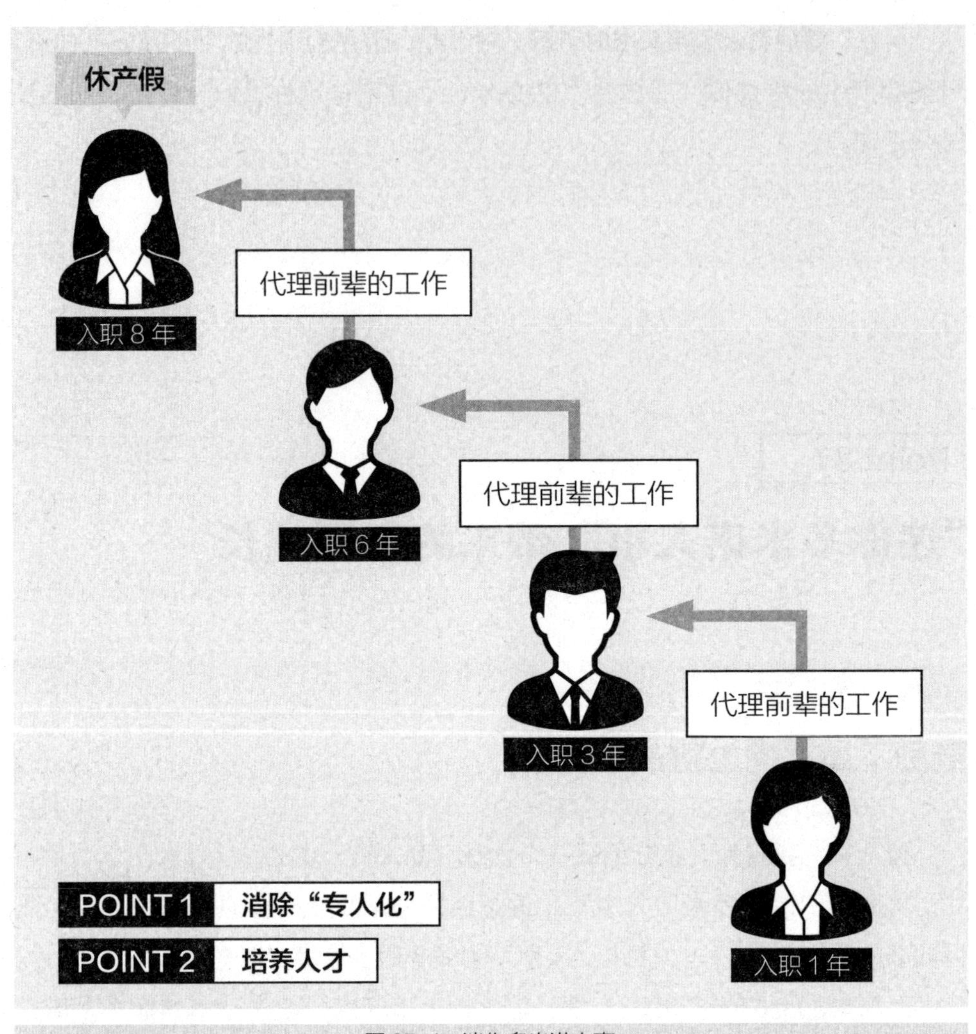

图 37-1 迷你多米诺人事

最终不仅可以防止企业内的“专人化”，也能进一步帮助下属成长。接替了前辈工作的下属被委以从未做过的重要工作，通过出席高一层级的会议，**可以增长其经验值并扩大自己在公司内的人脉**。

关于这个制度的效果，我在大学毕业后就职于化妆品公司时便深有体会。

当时我被分配到经营企划室，一直崇拜的女性前辈休产假，我因此临时担任了“记录董事会议”的工作。这项业务可以听到董事会议上讨论的内容，对年资尚浅的我而言，是极为刺激的工作。

我因此有机会理解会议所下决策的背景，基于什么样的经验判断，也学会了站在更高的视角思考问题。通过思考自己作为组织的一员应该采取什么样的行动，我不仅扩大了自己的视野，工作积极性也得到很大提升。

公司里有人休假时，其实是培养人才的良机。抓住这一机会，让更多的下属承担高一层级的工作，可以提高整个团队的实力。

管理者要主动休长假

“迷你多米诺人事”制度成功的关键在于，管理者要鼓起勇气休长假。

越是责任感强的管理者，越会纠结是否要休长假，实际上这正是症结所在。

前文已提过一个现实，“专人化”程度最高的是责任感强的管理者。实际上，在我们的客户中，有些管理者负责的业务占了整个团队业务的70%。因为管理者实在太优秀，甚至包揽了本应由下属负责的工作。

不过，如此一来，管理者疲惫不堪，其他下属也失去了干劲，觉得“就算没有我在，团队也不会有什么困扰……”

因此，**希望管理者能带头休长假**，并在平时就积极地将工作交给下属，有意识地培养接班人。

当然，即使做到了这些，等到真的休长假的时候，管理者应该还会心有不安吧。不过，接班人通过自己的判断来代理管理者的职务，即使多少会犯些错，成长的幅度也一定会远超失误。

而且，如我前面的经验之谈，通过担任代理职务，下属可以站在更高一层级的视角，即“管理者视角”来思考问题。如果培养了这样的继任者，管理者便可以从独抗压力的困境中解脱出来。

培养人才是管理者最重要的工作。

培养人才并不意味着管理者总需要在工作场所手把手地指导，“交办工作”是培养人才的最佳方法。为此，**“自己休假”非常重要**。管理者应鼓起勇气做好休长假的准备。希望“迷你多米诺人事”能成为大家团队成长的一个契机。

Point 38

全力争取上级支持

理智看待“工作方式改革”的“停滞期”

迄今为止，我介绍了历时约10个月的“工作方式改革”的前半段内容，以及具体实践中的“解决问题的对策”。

为了尽快产出成果，提升团队的积极性，我们介绍了“整理、整顿”“模板化”“手册化”等团队内可以完成的“低难度方法”。

只是，在漫长的努力阶段，无论如何都会产生“停滞期”。

换言之，随着时间的推移，团队中会产生“已经做了很多努力，却没有什么大变化”的无力感，或者冒出“一想到接下来要解决更大的难题，感觉内心好沉重！能不能做到……”的不安感。

而且管理者自己也多半开始迷惑：“多少有点变化了，这样就够了吗？”所以我们建议大家在“工作方式改革”路线图的中点，召开“中间共享会”。

将过去和现在的“差距”可视化

“中间共享会”是指管理者和团队成员一起回顾一路走来的举措，再次确认团队已经实现了什么，提升未来干劲的会议。

在“中间共享会”上，最重要的就是明确“开始举措前的工作方式”和“现在的工作方式”之间的差距。

理由在于，迎来“停滞期”的最大原因——“能做的事情已经做了很多，却没有什么大变化”这种无力感多半都是一种“错觉”。人类的天性是能很快适应“现状”，从而忘记半年前的“惨状”。于是，**虽然实际上有了显著的成长**，大家却会集体陷入**一直在原地踏步的错觉**。

因此，在“中间分享会”之前召开“改变会议”，请大家试着用便笺写下“工作方式改革”开始时和现在的差异。

为了保证会议产生实效，管理者应该把启动工作方式改革时下属们在“改变会议”上提交的便笺的复印件准备好，或把初期的和现在的“早晚邮件”的统计、分析结果对比资料准备好。

准备好这类可以对过去和现在进行对比的素材后，下属就能切身体会到自己创造的变化。

比如，看见过去的便笺上写着的“××在交付期前会自带睡袋在办公室过夜”，员工可能会诧异：“以前加班如此可怕吗？最近完全没有这样的感觉了！”也可能会确认：“咦？加班时间减少了10%，曾经说过要减少的内部会议居然减少了40%？”“真的！而且节省的时间增加了20%！”

或者请每人发表“工作方式改革带来的变化”感言，也颇有效果。

某家物流公司的团队，管理者分享了自己的感悟。实际上，这位管理者入职20年来，从未带薪休假过，以“工作方式改革”为契机，他狠下心来申请了带薪休假。利用这个机会，结婚15年来他第一次拜访妻子的娘家，岳父岳母喜出望外。当他在“改变会议”上略为害羞地报告这个趣事时，下属们瞬间激动了起来。

在某家保险公司，一位年轻的男性职员利用每周两天的“不加班日”学习英语，将托福分数提高了300分。在“改变会议”上，他向大家报告：“终于满足了可以挑战梦寐以求的海外工作的条件！”大家开心地决定为他举办“庆祝会”。

再次确认“工作方式改革”带来的变化，分享每位下属的“开心事”，或许可以消除令团队感到不适的“停滞感”。

“上级”助力，加速“工作方式改革”

此外，请管理者积极邀请上级（直属上司或更高层级的人物）参加“工作方式改革”。

前文已经提及，管理者在开始“工作方式改革”时，向上司说明举措的目的和内容，得到支持后，管理者随时报告进展也很重要。这样一来，请上级出席“中间共享会”时，几乎所有的上级领导都乐意参加。

而且，在“中间共享会”上，管理者应该向上级汇报“工作方式改革”的内容、成果和问题等。这时，重要的是一边介绍下属的名字，一边向上级描述该下属做出的贡献。得到认可后，下属必定会受到极大的鼓励。

在此基础上，“中间共享会”的最后，由上级发表感想。为了请上级能在这个环节说出慰劳下属的发言，管理者可以提前拜托上级，而听了上级发言的下属们，则可以切身体会到**“我们的努力是有意义的”**，并涌出干劲：“继续努力吧！”

此外，请上级参加还有一个重要的意义，那就是请他们成为未来“工作方式改革”的后援团。

在“工作方式改革”的前半段，挑战的是“低难度高效果”的事项，后半段需要挑战“高难度高效果”的事项，即请其他部门或者客户一同参与到“工作方式改革”中，以期创造更大的成果。为此，**上级的理解和支持不可或缺**。

尤其是要让上级领导理解：“本部门能做的事情都做了，要再上一层楼的话，必须取得其他部门或客户的协助才行。”否则，可能会在“工作方式改革”的后半段遭到上级问责：“自己不努力，却要求别人协助，没有搞错吧？”

因此，在“中间共享会”上，向上级展示迄今为止的成果的同时，**巧妙地表露出已经经过了多次的艰苦奋战，不过自己能做的事情毕竟有限**，这一点非常重要。如此便可以让上级伸出援手：“那就轮到我出场了，我来帮助你们！”这是保证“工作方式改革”下半段能硕果累累的重要一环。

第6章

让“工作方式”焕然一新

为了使团队的“工作方式”发生显著改变，需要客户或其他部门的主动配合。本章将解说管理者为此应承担的角色。

Point 39

客户协助消除“突发业务”

“突发业务”不是必然存在

我们在前面章节介绍了希望大家在“工作方式改革”前半部分挑战的“低难度高效果”举措——先从自己可以完成的“小事”着手，由此提高下属的积极性，这一点至关重要。

但是，只完成以上项目的效果是有限的。**若要使自己团队的“工作方式”发生大改变，其他部门和客户的协助不可或缺。**

因此，本章将介绍“高难度高效果”举措的成功案例。重要的部分在于如何让其他部门或客户参与进来。需要特别关注管理者所发挥的作用，边做边看，一定可以作为参考。

我们来看一看减少“突发业务”的案例。

统计、分析“早晚邮件”后，大家应该可以发现团队是如何因为“突发业务”忙得团团转的。当然，在推进工作的过程中，“突发业务”是不可避免的，但若其频繁地发生，则是一个大问题。不仅计划会被大幅打乱，其他工作也会受到很大影响，为“突发业务”忙得不可开交的下属也会疲惫不堪。

不过，“突发业务”一定有其发生的原因，只要解决了原因必然能减少其发生次数。不过，我们经常见到的情况是，众多团队因为接踵而至的“突发业务”人仰马翻，无法做到静下心来分析原因，结果便是整个团队深陷“因为是突发事件所以没有办法”“不可能彻底解决”等泥淖之中。

方法得当，“蜂拥而至的抱怨”消失了

某企业呼叫中心支持部门的管理者也曾是受困于以上无力感的人之一。

经常会有客户的咨询或投诉蜂拥而至，导致他不得不长时间工作，陷入了“身为呼叫中心员工就不得不加班，这是不可能解决的”的固化思维中。

不过，在“改变会议”上，大家得出一个共识——必须改变为“突发业务”忙得团团转的现象。因此，大家将咨询和投诉的具体内容整理到 EXCEL 表格中，并逐一验证后发现，如果完善事前应对，大部分咨询和投诉都可以避免。

比如，在新商品上市的当天，有时候会出现咨询和投诉量井喷的情况，这是因为团队事前对会场的引导不够，活动现场混乱所致。

在商品更新后不久也会发生同样的情况，其中一个重大原因在于商品手册的描述不充分。于是，团队终于弄清楚了呼叫中心“突发业务”频发的原因是事前提供的信息不完善。

因此，管理者向上级汇报了情况，并建议将呼叫中心收到的咨询和投诉内容传达给公司相关部门，并协商事前应对方式。

在上级的支持下，相关部门开始积极探讨解决方案。于是，决定在发布某些信息时，留意做好万全的准备，以免波及呼叫中心。

最后，这些举措不仅提高了信息接受者即用户的满意度，咨询和投诉量井喷的事态也得到了控制。于是，呼叫中心的加班时长戏剧性地减少，下属也可以安心地致力业务开展了。

争取客户理解，加班锐减

接下来我为大家介绍在客户的帮助下使“突发业务”锐减的案例。

这是发生在一家大楼空调维护管理团队身上的故事。该团队每年会迎来

数次“突发业务”，发生“突发业务”当月，加班时长往往暴增。

在“改变会议”精查“突发业务”内容后，发现大部分都是来自客户的关于“空调系统发生故障，请尽快维修”的请求，谁也不知道空调系统何时会发生故障，因此该团队被这一“突发业务”折腾得焦头烂额。

可是，他们发现了一个问题，**如果定期去客户家维护空调，将故障防患于未然，就可以消除“突发业务”。**

于是，他们在征得上级的同意后，开始拜访客户，调查是否能将定期维护加入合同内容中。更改合同会产生维护费用，不过可以减少突发故障带来的风险，也可大幅节约维修费；作为客户，定期维护能够避免空调的“突然罢工”，也不需要自己付出什么，因此几乎所有客户都表示同意。

结果便是，虽然日常维护业务增加了，但应对故障的工作量剧减，令人头痛的**“紧急加班”也基本消除**，年度总加班时数也得到了大幅压缩。

“因为服务的是客户，突发状况也没办法”，如果一直抱着这样的想法，那改变根本无从谈起。从“早晚邮件”中深挖“突发业务”的原因，必然能发现解决对策，希望大家面对困难千万不要放弃，认为“突发案件无计可施”，而应该和下属齐心协力、重点突破、努力消除“突发业务”，团队的“工作方式”则一定会发生改头换面般的变化。

Point 40

发动组织力量，减轻“业务负担”

你正为工作忙得团团转吗

这一节我们会为大家介绍某制造商研发团队的故事。

该团队不仅长时间工作已成为常态，工作量还接二连三地增加，全员深陷搞不懂“究竟为什么忙得团团转”的境地。他们想要摆脱总是因工作忙得脚不沾地的状况，委托我们提供顾问服务。

为了将更多的时间分配在“研究开发”这一本职业务上，他们致力“工作方式改革”，努力提高其他工作的效率。

其中，卓有成效的是“学习会”。以前工作都是“一项业务一人负责制”，每位下属都“化身八爪鱼”，难以互相支援，通过“学习会”，大家分享了各自的业务内容和专业知识，慢慢地成功将团队转化为“一项业务多人负责制”。

这样一来，大家的工作时间减少了，“不得不孤军奋战”的压力也得以缓解，大家可以安心休假，这个原本疲惫不堪的团队又重新拥有了活力。

话虽如此，为工作忙得团团转的状况仍在继续。

团队通过“早晚邮件”详细分析后发现，目前**存在大量没有出现在“早间邮件”上的“插队工作”**，而其中大部分是来自销售人员的咨询。在客户处拜访时，被问到技术性和专业性问题的销售人员便转而咨询研究开发团队——实际上，这部分工作占据了该团队的大量时间。

按照原来的业务流程，这些本应由负责销售员的营业管理部来应对，不过越来越多的销售员直接跳过不具备专业知识的营业管理部，直接询问开发团队。为了诚心应对，研发团队便陷入了这种加班常态中无法脱身。那该怎么办呢？

靠管理者一人也能改变组织

面对这种局面，管理者的行动极为妥当。

首先，他把除了自己团队之外的另外5个开发团队的管理者召集在一起，展示了“早晚邮件”的分析数据，然后问大家：“我们团队的大量时间都被销售员的咨询所占据，大家的情况如何？”

于是，他们发现所有团队的情况如出一辙。于是，该管理者提出，希望大家能记录来自销售员的咨询件数。收集了所有团队的数据后，他向开发部门的高层汇报现状，请其探讨组织层面的应对措施。

接着，在和营业管理部协商后，高层决定针对销售员询问较多的主题，由开发部门和营业部门携手制作FAQ，并公布在营业管理部所使用的内网上。他们规定销售员遇到问题时先确认该FAQ，只有上面未出现的情况方可咨询开发团队。

实际上，以前接到销售员的咨询时，营业管理部也曾经为自己不靠谱的回答感到不安。通过和开发部门一起制定FAQ后，营业管理部发现，不仅可以提供正确答案，还可以毫无顾虑地将FAQ中没有的疑问交给开发团队来解决。

这个故事说明，一位管理者的行动可以改变整个组织。

活用“组织力学”

我们再来回顾一下这位管理者的行动。

需要关注的是他认为“其他开发团队应该也存在一样的困扰”，增加了自己的“同伴”。

这是驱动组织行动时极为重要的一点。如果只有一个团队向上级提出诉求，会被质疑：“这是你们团队自己的问题吧？”高层可能根本不为所动。因为上级不知道解决这个问题后，能对组织产生多大的影响。也就是说，管理者发现问题时，通过增加“同伴”，明确表示这是组织的“大问题”，这一点至关重要。

而且这位管理者基于“早晚邮件”的统计数据，准备了“来自销售员的询问占据了如此多的时间”这一确凿证据。为了说服上级，驱动组织行动，展示这类客观数据是必备的工作。

在和上级商量前，该管理者的团队已经扎扎实实地实践了自己力所能及的“工作方式改革”，这一点也不容忽视。如果自己什么都没做，一上来就向上级诉苦：“来自销售员的咨询是一个问题……”会发生什么呢？即使这个质疑是正确的，上级也会担心其他部门的抗议，可能会用“这件事情我会考虑，先从自己可以做的事情着手吧”这种借口把管理者打发走。

当以上条件都具备后，取得上级的理解便水到渠成了。如果开发团队的几个管理者跑去和营业管理部协商，也许一切不会进展得如此顺利，**为了取得其他部门的协作，必须具备“以组织的形式应对”的形态。**

为推进“工作方式改革”，必须**灵活掌握并运用“组织力学”**。这才是中层管理者应该发挥的重要作用。

Point 41

和客户建立双赢关系

与其让人帮忙，不如选择双赢

收齐“数据”，增加“伙伴”，说动“上级”。

如【Point 40】所述，以上都是获得其他部门或客户配合的关键点。接下来我们介绍另外一个关键点。

那就是，管理者不得“拜托”其他部门或客户，不应“拜托”他们协作，而应该提出双赢的“提议”，这是驱动对方全力协作至关重要的一点。

下面我们介绍一个在这方面完成得非常漂亮的管理者的故事。

该管理者是某食品公司营业团队的基层管理者。营业部门的立场要弱于客户，常常不得不采用极为低效的工作方式来满足客户的需求，而这位管理者完美地打破了这个壁垒。

他管理的团队首先进行的“工作方式改革”是缩短拜访客户时的通勤时间。

最有效的是【Point 35】介绍的将“分系列负责制”改为“分地区负责制”，同时采用“多人负责制”。“分地区负责制”的功劳尤为突出，他们成功地削减了大量通勤时间，结果不仅减少了加班时间，团队整体的销售额也开始节节攀升。

然而，进一步分析“早晚邮件”后，一个问题浮出水面。下属完成外出工作后于傍晚回到公司，由于某项事务工作量庞大，需要将回公司的时间定得很早，但是如果回公司的时间能再晚一些，便能提高营业效率了。可从现状来看，完全不可能。

分析“顾客能得到的好处”

那么，他们的瓶颈作业究竟是什么呢？

那就是处理来自客户的订单。该公司的运营规则是如果下午下班前收到订单，次日早上商品便能到店，由于不遵守下单规则的客户较多，他们在事务处理上费时甚多。

当然，他们已经有了对策。比如，向客户分发下订单的专用终端设备，只要在终端设备上输入订单内容，便可自动处理。然而，或许是嫌麻烦，几乎没有客户使用该专用终端设备。

于是，他们导入了一个自动处理系统，为顾客提供了专用的订单填写格式，填完后自动提交，便可用 OCR 方式读取订单内容，并自动处理。

然而，这种方式也收效甚微，不少顾客未使用规定的格式，OCR 就不能正确处理，最终只能由销售员手动处理。

其实解决方法简单至极——请顾客使用专用终端设备或者规定的格式即可。然而，把这个要求说出来需要莫大的勇气，如果告诉对方“我们的工作量太大了，请严格按照规则来”，也许商家在客户心目中的印象就一落千丈了，所有人都担心会影响客户满意率。

于是，管理者呼吁下属们：“把使用专用终端设备对客户的好处整理出来吧。”于是，在“改变会议”上讨论后，大家整理如下：

● 如果用专用终端设备操作，不仅可以减少大量时间，准确率也更高，客户可以更快地收到货品。

● 当传真文件上的字迹无法辨认时，销售员常常需要打电话确认，而使用终端设备不存在这个问题，客户将不再需要花时间来接电话。

● 销售员不再忙于处理这些订单后，可以增加拜访客户的次数，服务也可以更加细致。

就这样，团队成员认真整理了如果遵守下单规则，客户可以享受到的好处。

那些“管理者才能做的工作”

管理者在征得上级同意后，亲自和承办人员一起拜访所有顾客，要求他们配合。

这一次效果显著。一般来说，只要没有发生特别严重的问题，管理者并不会去拜访不是自己负责的客户。但就这么一个动作，没想到**深受客户欢迎，客户认为“连领导都亲自来了”，并认真倾听了他们的建议**。

而且，这位管理者并未“请求”对方，是在说明了销售员正打算改变“工作方式”以提升客户服务的基础上，重申了下订单的规则。他接着表示，如果遵守这些订单规则，可以为客户自己带来诸多好处，换言之，并不是为了提升己方的业务效率而“请求”客户配合，而是提出了构建双赢关系的提议。

这一招打动了众多客户的心，理由在于，客户本身也将下订单费时视为问题，而且有减少下单失误的动力。

于是，不少客户开始使用专用终端设备，没有专用终端设备的客户则开始使用订单表格。结果便是，曾使销售员叫苦连天的失误处理工作大幅减少。

甚至有下属傍晚不回公司，一直到下班时间还在拜访客户的情况发生。

如此一来，不仅节约了大量下单的时间，还减少了商品到货延迟等问题产生的纠纷，也提升了客户满意度。更进一步说，增加了拜访次数，员工与客户的关系也得到了改善，销售额自然噌噌噌地往上涨。

综上所述，需要客户配合时，不要“请求”对方协作，而是提出双赢的提议，这一点非常关键。

为此，请大家站在客户的角度，明确**“顾客的问题在哪里”“如何才能解决这些问题”“解决问题后，未来会变得怎么样”**这三点的答案。只要你提出的建议能解决以上三个问题，必然能取得客户的理解。

如果管理者亲自前往客户处直接说明，引导对方说出“Yes”的可能性则会增高。虽然占用了管理者的人力和时间，但可以减轻所有下属的负担，可以说是极具投资效益的工作了。而且，这也正是**“只有管理者能做的工作”**。

Point 42

说服总部，“整体”改变

正视总部和一线的关系

大型组织在推进“工作方式改革”时，总部和一线的关系也至关重要。

在大型组织中，业务流程和工作方式均由总部决定，分散在各地的一线人员在推进“工作方式改革”时转圜余地很小，一线向总部“传递信息”时也会有所顾忌。为此，现场低效率的业务流程一直得不到完善。

不过，若是能跨越这一“壁障”，将产生极大的效果。因为总部如果能正确地修正业务流程，就可以推广到所有的一线团队中。**一个团队的发声，可能会让全公司推行“工作方式改革”。**

管理者要努力“构建人脉”

接下来我为大家介绍某警署失物管理的团队的故事。

大家都知道警察的组织形态：每个省、市、县均有警察总部，其下设有很多警署，警署的失物管理团队依照警察总部的失物管理承办人员定下来的业务流程开展工作。

某警署的失物管理团队打算进行“工作方式改革”时，发现警察总部制定的业务流程中存在极为低效的部分，这时就轮到管理者培养的人脉发挥作用了。他构建了能与警察总部失物管理承办人员说上话的人脉。于是，他请求该承办人员出席“改变会议”，帮忙思考对策。

接着，总部的承办人员和一线人员一起验证了业务流程的问题，并表示理解：“原来一线对此感到苦恼……”

不过，只听区区一个团队的意见，并不可能立即改变整个组织的业务流程。于是总部的承办人员也听取了其他警署失物管理承办人员的意见，调查了其他警察总部的业务流程。结果发现其他警察总部采用的业务流程很有效率。于是，总部承办人员决定对自己的流程进行微调，这样一来，当地所有警署的失物管理业务的效率得到了显著提升。

民间企业也是如此。

一方面，总公司很忙，总是没有余力倾听一线的心声；另一方面，一线对总公司也心存顾虑，总是难以提出真实想法，这也是实情。我们发现，由于总公司和一线之间产生了沟通的“壁障”，这在一定程度上导致了低效率业务的产生。

一线管理者有了可以发挥作用的空间，和前文提到的失物管理团队的管理者一样，平时构建好和总部承办人员的关系，关键时刻就能解决团队发展的大问题。

管理者需要定期参加总部举办的会议，借机积极接触，提前构建好有任何问题都可以“有商有量”的关系。

大部分管理者总是忙得不可开交，容易忽略这类沟通问题，实际上日常沟通才是**“不紧急但重要的业务”**。通过在组织内外构建和谐的人际关系，打造一个易于工作的环境，是管理者的重要工作。

“卷入力”改变公司

但是，需要说动总部，必须打磨“卷入力”。

假设管理者对总部的负责人这样说：“我们一线员工对 ×× 感到苦恼。总部的做法是错的，希望能改掉。”这句话一出口，很可能会惨遭责骂：“如果每个一线都提要求，岂不是没完没了了？”

如果管理者换种说法，用“寻求帮助”的方式可能更有效，比如说：“一线自己思考的话，总是有局限性，想不出全局解决对策，希望能和您商量一下，您能否出席我们的‘改变会议’，提一些宝贵意见？”如果采用这样的邀请方式，总公司的负责人会感觉到“被尊重”，也许会主动提出：“这个最好能改成这样，我尝试一下，看看总公司的做法能不能再完善一下。”

希望管理者们能掌握这种“卷入力”，务必实现影响全公司的“大型改革”。

Point 43

把“上级”变成“同盟”

不断追求“更好的工作方式”

前文介绍了需要其他部门或客户配合的“高难度、高效果”举措的成功案例，同时说明了各位管理者应该承担的角色。

在“工作方式改革”路线图的后半段，若能成功完成这类挑战，团队会发生戏剧性的改变。若能和其他部门或客户协作改革业务流程，不仅可以大幅提升业务效率，最重要的是，团队还会产生“通过努力，可以改变现状”的积极性。

但是，大家不可就此满足。

“工作方式改革”只有持续才有意义。即使花了10个月去改变“工作方式”，也应该尚未达到完美的状态。况且，“工作方式改革”本身并没有终点。因为职场环境日新月异，大家需要结合环境不断尝试灵活改变“工作方式”。为此，持续推动“工作方式改革”，**打造不断追求更好的“工作方式”的团队，**是极为重要的。

为此，我们建议召开“最终共享会”。

会上要做的事情和【Point 38】所介绍的“中间共享会”基本相同。管理者邀请上级参加，**尽量以可视化的方式共享“工作方式改革”开始和现在的“差距”，同时介绍每一位下属的名字并具体说明他们各自的贡献。**

接下来，让上级了解“工作方式改革”的成果，邀请上级分别针对自己心目中的最佳举措，赠予冠有本人名字的奖状，如“山田奖”等，对努力改革的下属表达认可；在此基础上呼吁下属持续推动“工作方式改革”，一定会得到正向反馈。

你有说服高层的逻辑吗

不过，并非在“最终共享会”上将成果告诉上级就结束了。管理者务必拿着10个月的成果，将人事部等部门也“卷进来”，向公司高层表达“工作方式改革”的重要性。

迄今为止，我们已经为1000多家企业或组织提供了顾问服务，切身体会到不少高层对于发出“工作方式改革”的号令心存疑惑。

因为高层的责任过于重大，如果按照自己的决断推动“工作方式改革”，万一业绩不理想，可能会降低股东或顾客对自己的评价，这将为整个公司带来巨大的损害。因此，**对于那些无法保证成功的挑战，他们必须慎之又慎。**

在这一背景下，一线的“小挑战”变得尤为重要。

只要一线能验证“工作方式改革”的好处，高层也可以放心当靠山。从这个意义上来说，管理者能接近高层，对高层来说是非常可贵的。

不过，也有些高层未能充分意识到“工作方式改革”的必要性，管理者最好提前构思好足以令他们动真格的逻辑。为此，不仅要用实际数据展示“工作方式改革”对提高公司绩效和减少加班带来的贡献，还需要表达“工作方式改革”成功与否是关乎企业存亡的大事。

可怕的日本“人口负债期”

让我们俯瞰一下当前日本的社会结构变化。

众所周知，现在日本年轻人占整体人口的比例（从事生产活动的年龄比例）持续下降，高龄人士的比例逐步上升。借用哈佛大学德比德·布鲁姆教授的话来说，日本正处于“人口负债期”。

“人口负债期”是“人口红利期”的反义词，这里是负债意为重担或负荷。

正如日本之前所经历的经济高速增长期，与当时国家正处于“年轻人较多，高龄人士较少”的人口结构紧密联系在一起一样，现在中国、泰国、新加坡等国家也正处于经济高速增长期，这些国家也正处于“人口红利期”。

当时，处于经济高速增长期的日本采取了完美应对“人口红利期”的战略：

一是**重视男性的雇佣政策**。因为劳动力过剩，重工业比例高，需要体力的工作较多，最为有效的方式是最大限度地让男性劳动者参与工作。

二是**长时间劳动**。因为劳动力的时间单价便宜，那是一个“快速、便宜、大量”地向市场投入商品或服务的企业迅速崛起的时代，长时间劳动令企业占有绝对性优势。

三是**培养均一的劳动力**。因为那是一个只要大量供应均一的商品或服务便可以满足需求的时代，所有员工一起行动的组织更为有利。因此，具备均一的劳动力非常重要。

如需让一个国家的经济适应“人口红利期”，必须满足以上 3 个条件。**当初的日本采取了恰当的战略，抓住机会，实现了经济的快速发展。**

“老式管理”毁灭公司

因此，由于历史原因形成的组织管理方式并非是“错误”的。

但是，随着“人口红利期”的结束，日本社会正处于“人口负债期”，整个社会已经进入一个完全不适应“人口红利期”成功经验的时代。

如图 43-1 所示，“人口红利期”和“人口负债期”在“有胜算的工作方式规则”上是截然相反的。

在“人口负债期”，由于劳动力人口不足，**如何充分发挥男女员工的作用变得越来越重要**。而且，劳动力的时间单价高涨，只有**短期内产出成果的企业方能产生效益**。并且，**为了应对消费者的多样化需求，公司内（从一线到决策层）培养出的人才的多样化程度将决定企业在行业内的胜负。**

若无视这一现状，仍然漫无目的地持续“人口红利期”的工作方式和管理方式，**用不了多久，很多企业便会陷入危机**。

“工作方式改革”关乎企业存亡

日本第二次婴儿潮时代出生的人面临的问题尤为严峻。

人口红利期（劳动人口富足）

重视男性的雇佣政策

● 重工业比例高，从体格来看男性更适应。

长时间劳动

● 时间与成果直接挂钩，重视“快速、便宜、大量制作”。

培养均一的劳动力

● 市场需求均一。录用并统一管理相同条件的人才的做法最适合。

人口负债期（劳动力人口不足）

男女共同工作的雇佣政策

● 脑力劳动的比例增加。且由于劳动力不足，工作不分男女。

短时间劳动

● 每小时的人工成本高涨。要求短期内产出成果。

培养多样化劳动力

● 市场需求多样化。需要多样化的人才。

图 43-1 “人口红利期”和“人口负债期”对劳动力的不同需求

这个年龄层的人不仅是多数企业中人数最多的，也是企业中担任核心骨干的一代人。然而，他们不仅承受着育儿负担，还承担着父母的看护责任。换言之，担任企业骨干的一代人，正处于必须长时间工作的状态，但面对现实，如果继续以长时间工作为前提进行管理，他们将陷入难以持续工作的境地。

危机已然浮出水面。

某大型商社经过内部调查后发现，**18% 的员工为长辈的“主要护理者”**，其中男性占了 80%。如果算上家里有需要护理的人，但主要护理人为妻子的情况，护理者的比例应该会进一步上升。

而且，在未来这一群人逐步进入 75 岁后，这一数字必然会暴涨。若不尽快停止以长时间工作为前提的管理方式，鼓励短时间工作、在家办公等多样化的“工作方式”，并逐渐将传统管理方式替换为可提高绩效的管理方式，企业将会面临经营困难的局面。甚至可以说，**“工作方式改革”是关乎日本企业存亡的大问题**。

我给各位管理者的建议是，和人事部等部门商量，统计员工的具体状况或了解其今后的计划后，将前文提到的**问题意识、危机感传达给公司高层**。

换言之，管理者就是要令高层产生“恐惧感”，不过若能同时展示自己实践过的“工作方式改革”成果，“已经有了解决对策”的现实能使高层的心态发生转变。因为已经成功的“工作方式改革”经验，可以令高层放心地向全公司发出号令。

“高层”一出手，瞬间大变样

当高层发挥领导力作用后，“工作方式改革”便会一举加速。

某企业的高层在正式推动“工作方式改革”时，宣告“多出来的加班费将全部返还给员工”。结果公司一年内成功削减了约 30% 的加班费。公司将 1.8 亿日元全额返还给了全体员工。

这家公司还举办了“工作方式变革奖励”，无论是正式员工还是派遣员工，只要满足一定条件，便可以得到 2 ~ 6 万日元（约 0.13 万 ~ 0.39 万元人民币）

的奖励金。通过“工作方式改革”，员工的年收入增加了 20 万日元（约 1.3 万元人民币）以上。

值得铭记的是这位高层发出的信息：“减少加班费并不是‘工作方式改革’的目的，重要的是希望大家转变工作方式，**让大家快乐、健康地工作是我最开心的事情**。”

接着，该高层通过实践并展示这一方针，赢得了众多员工的高度信任，这也成为该公司后续一口气推进“工作方式改革”的最大动力。

另外，曾因为应对客户而苦于长时间工作的某企业，通过发挥高层的领导魅力，将内部的服务器设成晚间 10 点至次日早上 6 点无法连接的状态。

结果，一线员工便用“很抱歉，时间太迟将无法应对”等理由，很好地把来自客户的不合理要求“归咎于公司”，并且，一线员工开始呼吁客户：“能否调整业务流程，改善双方长时间工作的状况？”后来成功推动了对已成为惯例的低效业务流程的改革。

在某保险公司的“中间共享会”和“最终共享会”上，所有董事悉数出席，聆听了各个团队的发言并进行了表彰。看到这样的情形，高层开始思考，为了提高公司内的绩效，自己作为经营者也应该大力支持，最终决定投资 AI。于是，后期应对客户咨询、支付保险金时，连“有 10 年经验的资深操作员”都觉得有难度的问题，通过 AI 读取，可在 10 秒内显示出精准答案。

从此以后，新操作员也可以毫无压力地进行复杂的客户应对，并成功提高了客户满意度，可谓是构建了一个所有相关方共赢的机制。

总之，通过成功完成一线的“小挑战”来推高层一把，状况就会大变样。而且，这样的企业多了，世界也一定会有大变化。真诚地希望大家伸出自己的手，推倒第一张多米诺骨牌。

后 记

“工作方式改革”改变未来

感谢您一直阅读到最后。

在本书执笔过程中，2018 年 6 月 29 日，在日本召开的第 196 届国会常会决议通过了《工作方式改革相关法》。

虽然外界对此评价不一，但笔者认为，为曾经“无限度”的加班时间设置上限，在劳动基准法实施的 70 年历史中，具有极为重大的意义。

2014 年，笔者曾多次极力主张“矫正长时间工作的模式才是提高国家经济实力的方法”。不过，在当时的产业竞争力会议的讨论上，大多数意见认为，应当制定一部无须管理工作时间的法律，笔者的发言完全不受欢迎。因此，笔者曾多次沮丧地思考如何才能让大家理解。

之后 4 年的经历可谓是跌宕起伏。当法律整改终于踏出“矫正长时间工作”的一步时，笔者不由得感慨万千：“社会终于开始改变了！”

笔者认为，推动社会改变的正是曾经委托我们咨询的各企业、组织，正因为大家展示了“减少加班使业绩提升了”的实绩，国会才能切身体会到社会的舆论方向已经改变。

实际上，在《工作方式改革相关法》终审时，笔者也被邀请到国会，在参议院陈述意见，时间是 10 分钟。在这 10 分钟内，笔者介绍了认真致力“工作方式改革”的客户企业的成果。

除了介绍通过矫正长时间工作的现状，不仅提升了业绩，还提升了员工的结婚率、生育率的案例之外，笔者还介绍了不仅首都圈的大企业，全日本越来越多的中小企业也积极致力“工作方式改革”的案例，并讲述了通过打造“工作轻松的职场”，曾苦于人才不足的地区也招到了优秀人才的案例；并呼吁应该进一步加速“工作方式改革”。

意见陈述后是100分钟的答疑环节。笔者接受了各种花式质疑，最具有说服力的还是一线实践产出的成果。比如，当大家提出除了民间企业之外，全国的学校教职工也长时间工作这一问题时，笔者介绍了致力于“工作方式改革”的中小学不仅实现了加班时数减半，越来越多的教师感叹“增加了自己和孩子们相处的时间”。各位国会议员们身体前倾，饶有兴趣地倾听。

就这样，来自各位客户的实践不仅打动了国会议员，也直抵人们心灵深处，成为改变思维的巨大动力，我想再次向各位客户的努力致以敬意和谢意。

国会意见陈述的准备时间只有短短4天，在“工作与生活平衡”株式会社各位伙伴的全方位支持下，最终圆满完成。当时恰逢撰写本书的忙碌时期，若没有得到大家的支持，绝不会有这样好的结果。

在笔者的团队里，每个人都肩负多项工作奔波全国各地，仍然义无反顾地向发出“帮帮我”求助信号、将自己的脆弱暴露无遗的笔者伸出援手，对大家的善良和信任，笔者感激不尽。这也让笔者深刻地意识到，全公司能团结一心完成“大工作”，必须归功于团队成员们坚持不懈地追求本书中多次提到的“不专人化的工作方式”。

未来社会，“削减加班”“零加班”的要求将会越来越多，希望本书能有助于各位读者在自己的工作场所推行“工作方式改革”。

另一方面，如果组织还未理解“工作方式改革”的本质，便没头没脑地追求自上而下的“削减加班”“零加班”，恐怕会产生弊端。正如本书反复阐述的那样，“工作方式改革”的本质在于“提升绩效”，单纯地推进“业务流程效率化”是不合时宜的。

而且，为了实现“提高绩效”的目标，最重要的是调动起一线下属的积极性，能激发其积极性的唯有离他们最近的基层管理者。基层管理者提高团队的“关系质量”，是一切变革的出发点。

只有深刻理解“工作方式改革”的本质和手法的基层管理者才能将下属们的自发活动引导至正确方向，才能以健全的形式实现“削减加班”和“零加班”。

撰写本书时，笔者有一个心愿：希望本书能成为这类“从一线开始的工作方式改革”的成功参照物。笔者系统性汇总了自2006年创业以来，在为

1000 多家企业提供顾问服务的过程中积累起来的秘诀，希望给大家以启迪。

阅读本书的各位管理者都与笔者是志同道合的人，希望通过大家的力量提升职场的“关系质量”，打造所有商务人士都能快乐工作的高绩效企业。

小室淑惠